劇場版

ポケットモンスター

みんなの物語

劇場版
ポケットモンスター みんなの物語

サトシの旅《たび》は、人々《ひとびと》が風《かぜ》とともに暮《く》らす街《まち》・フウラシティへ！

サトシ

世界一《せかいいち》のポケモンマスターをめざして、相棒《あいぼう》のピカチュウと旅《たび》をしている。

ピカチュウ

サトシの相棒《あいぼう》。ねずみポケモン。

ルギア

伝説《でんせつ》のポケモン。風祭《かざまつ》りの最終日《さいしゅうび》に姿《すがた》を現《あらわ》すと言《い》われている。

リサは、弟《おとうと》のリクにポケモンをつかまえてほしいと頼《たの》まれて…!?

風祭《かぜまつ》りにわくフウラシティ。だけど、ラルゴの胸《むね》には気《き》がかりが…。

ゼラオラ

フウラシティの山奥《やまおく》に住《す》むといわれる幻《まぼろし》のポケモン。

イーブイ

リサの弟《おとうと》・リクがほしがっている。しんかポケモン。

リサ

ポケモン初心者《しょしんしゃ》の女子高生《じょしこうせい》。

ラルゴ

フウラシティ市長《しちょう》の娘《むすめ》。

自信《じしん》が持《も》てなくて落《お》ちこむトリトを、やさしくはげますラッキー。

ポケモンぎらいなヒスイへ、なぜかポケモンたちが集《あつ》まってくる。

カガチ

ウソがクセに
なっている、
ホラふき男《おとこ》。

ウソッキー

カガチをしたう、
まねポケモン。

トリト

人《ひと》づきあいが
ニガテなポケ
モン研究《けんきゅう》家《か》。

ラッキー

トリトの相棒《あいぼう》。
たまごポケモン。

ついにイーブイを見《み》つけたリサ。人生初《じんせいはつ》のポケモンゲットの瞬間《しゅんかん》!?

ついウソばかり話《はな》してしまうカガチだけど、ウソッキーはしたう。

ヒスイ

ポケモンぎらいで有名《ゆうめい》なおばあさん。

ムチュール

くちづけポケモン。

ワニノコ

おおあごポケモン。

トゲピー

はりたまポケモン。

マリル

みずねずみポケモン。

ロケット団《だん》の悪《わる》だくみが原因《げんいん》で、街《まち》がピンチに!?

フウラシティを襲《おそ》う火事《かじ》と煙《けむり》…大切《たいせつ》な人々《ひとびと》やポケモンがあぶない!!

「ポケモンがそばにいれば、元気《げんき》も力《ちから》もわいてくる、それがポケモンパワーだ!」

サトシの言葉《ことば》に背中《せなか》を押《お》された仲間《なかま》たちが街《まち》のために立《た》ち上《あ》がる！

ポケモンと一緒《いっしょ》だからこそ、わいてくる力《ちから》を信《しん》じて！

それぞれが相棒《あいぼう》のポケモンとともに、全力《ぜんりょく》で立《た》ち向《む》かう！

劇場版 ポケットモンスター みんなの物語

鋭《するど》い目《め》をしたゼラオラに、いったい何《なに》があったのか…!?

「ゼラオラ――!!」ラルゴの叫《さけ》びが炎《ほのお》の中《なか》響《ひび》きわたる！

ラルゴとゼラオラ、そのキズナのゆくえは――…!?

劇場版ポケットモンスター

みんなの物語

水稀しま／著
梅原英司　高羽 彩／脚本　石原恒和／監修　田尻 智／原案

★小学館ジュニア文庫★

この星《ほし》には、不思議《ふしぎ》な不思議《ふしぎ》な生《い》き物《もの》がいる。

空《そら》に、海《うみ》に、森《もり》に、街《まち》に。

世界中《せかいじゅう》のいたるところに、その姿《すがた》を見《み》ることができる。

我々人間《われわれにんげん》と共《とも》に学《まな》び、共《とも》に助《たす》け合《あ》い、共《とも》に仕事《しごと》をし、共《とも》に生《い》き、たまにはケンカしたりして、さまざまな絆《きずな》を結《むす》び、仲良《なかよ》く暮《く》らしている。


その名《な》は、ポケットモンスター。

縮《ちぢ》めて、ポケモン。


マサラタウンのサトシは、相棒《あいぼう》のピカチュウと共《とも》に、ポケモンマスターを目指《めざ》して旅《たび》を続《つづ》けていた。

ポケモンの数《かず》だけ出会《であ》いがあり、ポケモンの数《かず》だけ夢《ゆめ》があり、ポケモンの数《かず》だけ冒険《ぼうけん》が待《ま》っている——。

1

キーンコーンカーンコーン。

授業《じゅぎょう》の終《お》わりを告《つ》げるチャイムが鳴《な》り、部活《ぶかつ》のない生徒《せいと》たちは下校《げこう》しだした。

リサもそのひとりだった。金色《きんいろ》のストレートのロングヘアをところどころピンクやブルーに染《そ》め、爪《つめ》には真《ま》っ赤《か》なマニキュア、メイクもばっちり決《き》めたリサが校庭《こうてい》を歩《ある》いていると、

「リサ」

「じゃあねー」

後《うし》ろから友達《ともだち》に声《こえ》をかけられた。

「またねー」

手《て》を振《ふ》り返《かえ》したリサは、ふと目《め》の前《まえ》のグラウンドを見《み》た。

トラックでは陸上部員《りくじょうぶいん》たちが走《はし》っていた。

汗《あせ》を流《なが》しながら懸命《けんめい》に走《はし》る姿《すがた》を見《み》たリサの表情《ひょうじょう》が、わずかに曇《くも》る。けれど、すぐに顔《かお》を

背《そむ》けて歩《ある》き出《だ》した。

学校《がっこう》を出《で》たリサは、弟《おとうと》のリクが入院《にゅういん》している病院《びょういん》へ向《む》かった。エレベーターで病棟《びょうとう》へ上《あ》がり、病室《びょうしつ》のドアをノックする。

「はーい！　あ、姉《ねえ》ちゃん！」

ベッドの上《うえ》でノートパソコンをいじっていたリクは、リサが入《はい》ってくると慌《あわ》ててノートパソコンを閉《と》じた。

「ほら、着替《きが》え。リク、足《あし》どう？」

「激《はげ》しく動《うご》かさなきゃ、結構平気《けっこうへいき》だよ！」

リクはそう言《い》ってギプスをはめた足《あし》を動《うご》かして見《み》せた。が、机《つくえ》にガンッと足《あし》をぶつける。

「痛《い》って〰〰〰!!」

「つたく、気《き》をつけなよ」

リサがあきれた顔《かお》で言《い》うと、リクは足《あし》を押《お》さえながら遠慮《えんりょ》がちにたずねた。

「姉《ねえ》ちゃんこそ、どうなん？　足《あし》。走《はし》ってんの？」

「人《ひと》の心配《しんぱい》はいいんだよ！」

リサはそう言《い》いつつ、持《も》ってきたリクの着替《きが》えを棚《たな》にしまった。

いつもどおりの元気《げんき》なリサだけど、それが空元気《からげんき》に見《み》えるのは、リクの気《き》のせいだろうか。リクは「あ、そうだ」とリサの後《うし》ろ姿《すがた》に声《こえ》をかけた。

「フウラシティの風祭《かざまつ》りって、知《し》ってる?」

手元《てもと》のノートパソコンで風祭《かざまつ》りのサイトを見《み》せると、リサは「ああ」とうなずいた。

「知《し》ってるよ。結構大《けっこうおお》きなお祭《まつ》りなんでしょ?」

「そう! それでさ、ちょっと頼《たの》みがあるんだけど……」

猫《ねこ》なで声《ごえ》を出《だ》すリクに、リサは怪訝《けげん》そうな顔《かお》をした。

☆

病院《びょういん》から帰《かえ》ってきたリサは、自分《じぶん》の部屋《へや》に入《はい》るとリュックを床《ゆか》に置《お》き、手《て》に持《も》っていたサングラスを机《つくえ》に置《お》いた。そしてそのまま、隣《となり》のベッドにドサッと倒《たお》れ込《こ》む。

部屋《へや》の隅《すみ》には、たくさんのトロフィーと陸上用《りくじょうよう》の靴《くつ》が雑《ざつ》に置《お》かれていて、ベッドに寝転《ねころ》んだリサは天井《てんじょう》を見《み》つめた。そして、おもむろにポケットからモンスターボールを取《と》り出《だ》し、病室《びょうしつ》でリクに頼《たの》まれたことを思《おも》い返《かえ》した。

『ポケモンをゲット⁉　ムリムリムリ……』

病室《びょうしつ》でリサが目《め》を丸《まる》くすると、リクは顔《かお》の前《まえ》で手《て》を合《あ》わせた。

『頼《たの》むよ！　このとおり‼』

『やだよ！　なんだってあたしが⁉』

即座《そくざ》に断《ことわ》るリサに、リクはギプスをはめた足《あし》を指差《ゆびさ》した。

『だって、オレの足《あし》こんなだよ？　無理《むり》やり行《い》って、途中《とちゅう》で倒《たお》れて、誰《だれ》にも気《き》づかれず消《き》えゆく意識《いしき》の中《なか》で姉《ねえ》ちゃんを思《おも》い、あわれに死《し》んでいってもいいって言《い》うんだ？　人《ひと》でなしだよ、姉《ねえ》ちゃんは……そんな姉《ねえ》ちゃんをもってオレは……』

リサはむむ……と眉《まゆ》を寄《よ》せた。リクは自分《じぶん》で行《い》きたくても行《い》けないのだ。そう言《い》われてしまったら、断《ことわ》れない。

『わかったよ！　行《い》けばいいんでしょ？　行《い》けば！』

『やった～～～‼』

両手《りょうて》を挙《あ》げて大喜《おおよろこ》びしたリクは、ベッドサイドの引《ひ》き出《だ》しから箱《はこ》を取《と》り出《だ》した。

『もちろんタダとは言《い》わないからさ。ほら、これ』

『何《なに》これ……』

『オレからの気持《きも》ち。それつけてお祭《まつ》り行《い》ってきてよ』

箱《はこ》に入《はい》っていたのは、サングラスだった。リサが右腕《みぎうで》につけているブレスレットと同《おな》じ、赤《あか》いフレームのサングラス。

『へ～、かわいい。さすがあたしの弟《おとうと》』

☆

ベッドに寝転《ねころ》がったリサは、机《つくえ》の上《うえ》に置《お》いたサングラスをチラリと見《み》ると、手《て》にしたモンスターボールに目《め》を移《うつ》した。

「ポケモンねぇ……」

リサは、ハァ……とため息《いき》をついた。

安請《やすう》け合《あ》いしてしまったものの、ポケモンのことなんてまったくわからないのだ。

2

海《うみ》と山《やま》に囲《かこ》まれた街《まち》、フウラシティ。

その街《まち》を一望《いちぼう》できる坂《さか》の中腹《ちゅうふく》にある風車付《ふうしゃつ》きの尖塔《せんとう》が、オリバー市長《しちょう》の家《いえ》だった。

最上階《さいじょうかい》の部屋《へや》が娘《むすめ》のラルゴの部屋《へや》で、窓《まど》を開《あ》けてベランダに出《で》てきたラルゴは、手《て》すりに手《て》をかけて眼下《がんか》を見下《みお》ろした。ショートボブの髪《かみ》に巻《ま》いた黄色《きいろ》いリボンが風《かぜ》に揺《ゆ》れる。

目《め》の前《まえ》にはフウラシティの街並《まちな》みが広《ひろ》がっていて、さらにその先《さき》の海上《かいじょう》には風祭《かざまつ》り会場《かいじょう》が見《み》える。

「市長《しちょう》。今日《きょう》はメインストリートでのイベント出席《しゅっせき》、ゲットレースの観戦《かんせん》、優勝者《ゆうしょうしゃ》へのトロフィー授与式《じゅよしき》となっております」

真下《ました》から市長秘書《しちょうひしょ》のマネキの声《こえ》がして、ラルゴが覗《のぞ》き込《こ》むと、オリバーが車《くるま》に乗《の》り込《こ》もうとしていた。

「お父様《とうさま》！」

声《こえ》をかけられたオリバーは、頭上《ずじょう》を見上《みあ》げた。

「おはよう、ラルゴ。今日《きょう》は風祭《かざまつ》りに行《い》くのかい？」

「うん！」

「気《き》をつけて行《い》っておいで」

「お父様《とうさま》も！」

オリバーは優《やさ》しく微笑《ほほえ》むと、車《くるま》に乗《の》り込《こ》んでドアを閉《し》めた。

「よし！」

車《くるま》を見送《みおく》ったラルゴは、風祭《かざまつ》り会場《かいじょう》を見《み》てニコッと微笑《ほほえ》んだ。


フウラシティを訪《おとず》れたサトシは、ピカチュウと一緒《いっしょ》にケーブルカーに乗《の》っていた。

人々《ひとびと》が風《かぜ》と共《とも》に暮《く》らす街《まち》・フウラシティには大《おお》きな風車《ふうしゃ》がいくつもそびえ立《た》ち、ケーブルカーが走《はし》る坂《さか》の上《うえ》からは、海《うみ》が一望《いちぼう》できる。

ケーブルカーが脇《わき》を通《とお》り過《す》ぎる街並《まちな》みにも風車《ふうしゃ》が設置《せっち》されていて、さわやかな風《かぜ》にくるくると回《まわ》っていた。

ケーブルカーから顔《かお》を出《だ》したサトシとピカチュウは、海上《かいじょう》に浮《う》かぶ風祭《かざまつ》り会場《かいじょう》を見《み》た。

市街地《しがいち》から長《なが》い橋《はし》で繋《つな》がった風祭《かざまつ》り会場《かいじょう》にはいくつものパビリオンがあり、その中心《ちゅうしん》には巨大《きょだい》な観覧車《かんらんしゃ》が建《た》っている。

橋《はし》を渡《わた》ったケーブルカーは、風祭《かざまつ》り会場《かいじょう》のメインストリートで停《と》まった。

「楽《たの》しそうだな！」

「ピカピカ〜！」

期待《きたい》に胸《むね》を膨《ふく》らませたサトシとピカチュウは、大勢《おおぜい》の人《ひと》たちとケーブルカーを降《お》りた。

メインストリートにはたくさんの出店《でみせ》が出《で》ていて、ピカチュウが出店《でみせ》に並《なら》んだ食《た》べ物《もの》をおいしそうに見《み》つめていると、

「ピカチュウ」

サトシが呼《よ》んだ。

「こっちにもっといいのがあるぜ！」

と奥《おく》の店《みせ》を指差《ゆびさ》す。

「ピカ!?」

「フワフワですんげぇおいしそうだったんだ！」

「ピカ！」

ピカチュウを肩《かた》に乗《の》せたサトシが走《はし》っていくそばで、サングラスを頭《あたま》にかけたリサはキョロキョロと辺《あた》りを見回《みまわ》しながら歩《ある》いていた。

「へぇ〜、案外盛《あんがいも》り上《あ》がってるんだ。まぁ、悪《わる》くないんじゃない？　みたいな〜」

と独《ひと》り言《ごと》を言《い》いながら、花屋《はなや》を横切《よこぎ》っていく。

花屋《はなや》の前《まえ》には、杖《つえ》をついたおばあさん――ヒスイが立《た》っていた。

花《はな》を見《み》ているヒスイのそばに、いつの間《ま》にか〈たいようポケモン〉のキマワリが近寄《ちかよ》ってきていて、気《き》づいたヒスイは「ヒッ！」と声《こえ》を上《あ》げて後《うし》ろへ退《しりぞ》いた。

「あんた、近寄《ちかよ》るんじゃないよ！」

と、持《も》っていた杖《つえ》を振《ふ》りかざす。

「つたく、ゆっくり花《はな》も見《み》れりゃしないよ」

ブツブツ文句《もんく》を言《い》いながら立《た》ち去《さ》るヒスイを、キマワリが唖然《あぜん》として見送《みおく》る。

すると、近《ちか》くで電話《でんわ》をしていた白衣姿《はくいすがた》の青年《せいねん》――トリトが持《も》っていた資料《しりょう》を落《お》とした。

「え！　無理《むり》です！　だ……だっ……だって、明日《あした》ですよ？　そんな、そんな、で……でも……」

トリトのそばにいたラッキーが散《ち》らばった資料《しりょう》に気《き》づいて拾《ひろ》おうとすると、周《まわ》りの人《ひと》たちも「大丈夫《だいじょうぶ》ですか？」と手伝《てつだ》おうとした。

電話《でんわ》をしていたトリトが足元《あしもと》を見《み》て、ようやく資料《しりょう》を落《お》としたことに気《き》づく。

「あっあっ！　いや、大丈夫《だいじょうぶ》です！　さわ……らないで……」

トリトは電話《でんわ》をしながら、慌《あわ》ててラッキーと一緒《いっしょ》に資料《しりょう》をかき集《あつ》めた。

「あ、あの、そこをなんとかなったりは、しなかったり……はい……」

資料《しりょう》を拾《ひろ》うトリトの背後《はいご》を、女《おんな》の子《こ》が走《はし》っていった。が、すぐに転《ころ》んでしまい、後《うし》ろを歩《ある》いていた母親《ははおや》と伯父《おじ》が慌《あわ》てて駆《か》け寄《よ》る。

「リリィ、ケガは？」

ベレー帽《ぼう》を被《かぶ》った小太《こぶと》りの男《おとこ》──カガチに訊《き》かれたリリィは、「大丈夫《だいじょうぶ》」と立《た》ち上《あ》がった。

「慌《あわ》てるからよ」

母親《ははおや》のミアが言《い》うと、リリィはエヘッと笑《わら》った。

「だって、すっごく楽《たの》しいんだもん！」

「よーし！」

嬉《うれ》しくなったカガチは、リリィを抱《かか》えて肩車《かたぐるま》した。

「もっともっと楽《たの》しいとこ連《つ》れてってやるからなぁ！　たっくさん遊《あそ》ぶぞー‼」

「やったー！　おじさん、だぁい好《す》き！」

風祭《かぜまつ》り会場《かいじょう》には観覧車《かんらんしゃ》やジェットコースターなどのアトラクションの他《ほか》にも様々《さまざま》な遊具《ゆうぐ》があり、リリィは夢中《むちゅう》で遊《あそ》び回《まわ》った。

ひとしきり遊《あそ》んだあと、リリィとミアはアイスを買《か》いに行《い》き、カガチはベンチに座《すわ》った。

隣《となり》にはカップルが座《すわ》っていて、何《なに》やら熱心《ねっしん》にスマホを見《み》ている。

何《なに》を見《み》ているんだ――気《き》になったカガチは横目《よこめ》でスマホを盗《ぬす》み見《み》た。

カップルが見《み》ていたのは、〈ポケランチャンネル〉という動画《どうが》だった。

『さあ始《はじ》まりました、ポケランチャンネル！　今日《きょう》からなんと、フウラシティで一年《いちねん》に一《いち》度《ど》の祭典《さいてん》、風祭《かざまつ》りの開催《かいさい》だ！　あ〜行《い》きたかったなぁ〜と思《おも》ってる残念《ざんねん》キッズたち！　オレもだよ!!　このチャンネルでは風祭《かざまつ》りについてドンドン配信《はいしん》していくぜ!!』

画面《がめん》に現《あらわ》れたのは派手《はで》な衣装《いしょう》を着《き》た男《おとこ》の子《こ》だった。帽子《ぼうし》とサングラスで顔《かお》はよく見《み》えないが、小学校高学年《しょうがっこうこうがくねん》くらいだろうか。

『風祭《かざまつ》りは、ルギアとの約束《やくそく》から始《はじ》まったと言《い》われている。その昔《むかし》、この土地《とち》は恵《めぐ》みの少《すく》ないやせた土地《とち》だったんだって。でも、人《ひと》とポケモンはお互《たが》い支《ささ》え合《あ》い暮《く》らしていた。ルギアはその絆《きずな》を称《たた》えて、この地《ち》に風《かぜ》を送《おく》ることを約束《やくそく》したんだ。人々《ひとびと》はその風《かぜ》を利用《りよう》し、この街《まち》を発展《はってん》させていった。そして一年《いちねん》に一度《いちど》、その約束《やくそく》をまた交《か》わすために、ルギアはやって来《く》る。人《ひと》とポケモンの絆《きずな》を確認《かくにん》したルギアは、また一年《いちねん》この土地《とち》に風《かぜ》を送《おく》ってくれるんだ。さらにこの街《まち》には、もうひとつ大《おお》きな掟《おきて》があり、以前大規模《いぜんだいきぼ》な山火事《やまかじ》が起《お》きたときもルギアが火《ひ》を消《け》してくれたんだけど……』

カガチが興味深《きょうみぶか》く見《み》ていると、カップルたちが気《き》づいた。露骨《ろこつ》に嫌《いや》な顔《かお》をして去《さ》っていく。すると入《い》れ替《か》わるようにして、アイスクリームを持《も》ったリリィが走《はし》ってきた。

「おじさーん！　アイス買《か》って来《き》たよ〜！　はい、こっち、おじさんの分《ぶん》ね」

「おう、サンキューな、リリィ」

リリィはアイスを手渡《てわた》すと、カガチの横《よこ》に座《すわ》った。

「ねぇねぇ、おじさんのポケモン見《み》せて！」

「え⁉」

突然《とつぜん》言《い》われたカガチは、ビックリしてアイスを少《すこ》しこぼした。

「すごい強《つよ》いポケモン、持《も》ってる？」

「あ……ああ、もちろん！　ほれ」

カガチはポケットをゴソゴソ探《さぐ》り、モンスターボールを取《と》り出《だ》して見《み》せた。

「どんなポケモン？」

「最強《さいきょう》のポケモンだ」

「見《み》せて」

「ダメ！」

カガチはモンスターボールに触《さわ》ろうとするリリィの手《て》をかわすと、立《た》ち上《あ》がりモンスターボールをポケットにしまった。

「いや、今《いま》はマズイんだ。こないだのすごいバトルでぐったり……リリィ、ほらアイス落《お》ちるぞ！」

「あっ、いけない」

リリィは溶《と》けかかったアイスを慌《あわ》てて口《くち》にした。額《ひたい》に嫌《いや》な汗《あせ》をかいたカガチは、フーッと息《いき》を吐《は》いて汗《あせ》を拭《ぬぐ》うと、一口《ひとくち》でアイスを食《た》べた。

そばにいたミアが「兄《にい》さん」と声《こえ》をかける。

「ありがとね。あの子《こ》、風祭《かざまつ》りに行《い》くって聞《き》かなくて」

「いいんだよ。それよりリリィ、体《からだ》は大丈夫《だいじょうぶ》なのか？」

「ええ、最近《さいきん》は調子《ちょうし》いいみたい」

アイスを食《た》べ終《お》えたリリィは、青空《あおぞら》に浮《う》かぶ巨大《きょだい》バルーンを見《み》つけて指差《ゆびさ》した。

「ねぇねぇ、おじさん。あれってなんのポケモン？」

会場《かいじょう》にはモンスターボール形《がた》のバルーンがあちこちに浮《う》かんでいたが、その中《なか》に大《おお》きな銀色《ぎんいろ》の翼《つばさ》を広《ひろ》げたポケモンの形《かたち》をしたバルーンがあった。

「ああ、あれは伝説《でんせつ》のポケモン、ルギアだ。あいつのおかげで、この街《まち》は大《おお》きくなったんだ」

カガチがポケランチャンネルで得《え》た情報《じょうほう》をそのまま伝《つた》えると、リリィは「へぇー、おじさんよく知《し》ってるね！」と目《め》を輝《かがや》かせた。

その純粋《じゅんすい》な眼差《まなざ》しが、カガチの虚栄心《きょえいしん》をくすぐった。胸《むね》の中《なか》でむくむくと欲求《よっきゅう》がわき起《お》こり、気《き》づいたら言葉《ことば》が口《くち》をついて出《で》ていた。

「すごい昔《むかし》の話《はなし》だ……あれはさむ〜い日《ひ》だった。オレはちょうどこの街《まち》に仕事《しごと》に来《き》ていた……」

もちろんそれは嘘《うそ》だった。嘘《うそ》をつくのがカガチの悪《わる》い癖《くせ》だ。だが、カガチの話術《わじゅつ》は実《じつ》に巧《たく》みで、さも本当《ほんとう》のことのように嘘話《うそばなし》を流暢《りゅうちょう》に話《はな》すのだ。

通《とお》りすがりの人《ひと》たちもカガチの話術《わじゅつ》に魅《み》せられて、いつの間《ま》にかカガチの周《まわ》りには人《ひと》だかりができていた。

「そのとき、遠《とお》くの方《ほう》で山《やま》が赤《あか》く光《ひか》っていたんだ……。ピンと来《き》たね。あれは山火事《やまかじ》だ。オレは叫《さけ》んだ！『街《まち》に火《ひ》が迫《せま》ってるぞー!!　みんな早《はや》く逃《に》げろ〜！』って。オレはルギ

ア を呼《よ》び、助《たす》けを願《ねが》った……」

カガチはダグトリオのモニュメントに登《のぼ》り、ポケランチャンネルの受《う》け売《う》りを交《まじ》えた嘘《うそ》話《ばなし》を話《はな》し続《つづ》けた。

大勢《おおぜい》の前《まえ》で堂々《どうどう》と話《はな》すカガチを、やや離《はな》れた建物《たてもの》の影《かげ》からトリトが見《み》ていた。そばにはラッキーもいる。

「僕《ぼく》もあんなふうに人前《ひとまえ》でしゃべれたら……」

「ラッキー」

大丈夫《だいじょうぶ》だよ、とラッキーはトリトの肩《かた》に手《て》を置《お》いた。

「……ルギアは山火事《やまかじ》を見事《みごと》に消《け》し去《さ》ってくれたんだ。そして、無事《ぶじ》この街《まち》は救《すく》われたってわけだ！　めでたしめでたし」

カガチがひとしきり話《はな》し終《お》えると、周《まわ》りから拍手《はくしゅ》がわき起《お》こった。リリィも「おじさん、すごーい!!」と大喜《おおよろこ》びし、カガチとハイタッチした。

「まったく、また嘘《うそ》ついて……」

ミアはしゃいでいるリリィを横目《よこめ》に、カガチに耳打《みみう》ちした。

「嘘《うそ》じゃない。脚色《きゃくしょく》ってヤツだ」

カガチはそう言《い》うと、リリィを抱《だ》き上《あ》げて歩《ある》き出《だ》した。

「さあ、リリィ！　次《つぎ》はどこだ？　あっちなんて面白《おもしろ》そうだぞ！」

キャハハハ！　と大喜《おおよろこ》びするリリィたちを、ミアは複雑《ふくざつ》な顔《かお》で見送《みおく》った。

風祭《かざまつ》りが行《おこな》われるこの時期《じき》は、メインストリートに出店《でみせ》が並《なら》び、大勢《おおぜい》の人《ひと》が歩《ある》いていた。

「レモネード！　レモネードはいかがですか～!!」

メインストリートを歩《ある》いていたヒスイに、レモネードを持《も》った子《こ》どもとゴマゾウが近《ちか》づいてきた。

「パオ～～～！」

すると、近《ちか》くにいた別《べつ》の子《こ》どもたちが慌《あわ》てて駆《か》け寄《よ》ってきて、ヒスイに声《こえ》をかけた子《こ》どもの口《くち》を手《て》で押《お》さえた。

「なんだい、こいつは！　近寄《ちかよ》るんじゃないよ!!」

ヒスイは叫《さけ》びながら、持《も》っていた杖《つえ》でゴマゾウを追《お》い払《はら》った。

「す、すみません！」

「フンッ！」

平謝《ひらあやま》りした子《こ》どもたちは、のっしのっしと去《さ》っていくヒスイの後《うし》ろ姿《すがた》を見送《みおく》った。

レモネードを売《う》っていた子《こ》どもたちはメインストリートから外《はず》れると、カートを押《お》しながら坂道《さかみち》を上《あ》がっていった。

「お前知《まえし》らんのかぁ⁉　あのおばあさん、ポケモン嫌《ぎら》いで有名《ゆうめい》やん！」

「え、そーなの？」

「あの手《て》、見《み》たか？　夏《なつ》に手袋《てぶくろ》や……」

言《い》われた子《こ》どもは、ヒスイの手《て》を思《おも》い浮《う》かべた。そう言《い》えば、杖《つえ》をつく右手《みぎて》だけ、なぜか黒《くろ》い手袋《てぶくろ》をしていた――……。

そのとき、細《ほそ》い路地《ろじ》から誰《だれ》かが飛《と》び出《だ》してきて、カートにぶつかった。

「きゃ！」

カートにぶつかった女《おんな》の子《こ》は、尻餅《しりもち》をついた。

「痛《い》てて……すみません」

ぶつかってきたのは、ラルゴだった。

「あ、ラルゴ」

「市長《しちょう》の娘《むすめ》だし！」

パオパオ～と鳴《な》いているゴマゾウの足元《あしもと》を見《み》ると――レモンが数個《すうこ》、地面《じめん》に落《お》ちていた。

「あ～あ！　どうすんだよ！」

「これじゃあもうレモネード作《つく》れなくなっちゃったし！」

「ご、ごめんなさい。でもわたし、今《いま》ちょっと行《い》くとこあって……」

「うるせー！　弁償《べんしょう》しろよな！」

子《こ》どものひとりが地面《じめん》に落《お》ちていたレモンを拾《ひろ》い上《あ》げ、ラルゴに向《む》かって投《な》げた。

「!!」

ラルゴが思《おも》わず目《め》をつぶって身構《みがま》えたとき――誰《だれ》かの手《て》が伸《の》びて、レモンをキャッチした。それはサトシだった。

「ケンカすんなよ！　せっかくの祭《まつ》りなんだから仲良《なかよ》くしようぜ」

「ピカ！」

サトシと一緒《いっしょ》にいたピカチュウも、そうだよ！　と同意《どうい》する。

子《こ》どもたちは少《すこ》し年上《としうえ》のサトシが現《あらわ》れて焦《あせ》った。

「だ、誰《だれ》だ、お前《まえ》！」

「やっちゃえ！　ゴマゾウ、《ころがる》!!」

「パオ〜〜〜!!」

ゴマゾウがいきなり地面《じめん》を転《ころ》がりながらピカチュウに突進《とっしん》した。

「かわせ！」

「ピカ！」

ピカチュウはゴマゾウをすばやくかわすと、ジャンプして子《こ》どもたちの頭上《ずじょう》を飛《と》んだ。

「何《なに》!?」

「すごい……！」

その俊敏《しゅんびん》な動《うご》きに、ラルゴは思《おも》わず見《み》とれてしまった。

「ピカチュウ、《アイアンテール》！」

「ゴマゾウ！《たいあたり》だ!!」

飛《と》び出《だ》したピカチュウの尻尾《しっぽ》が鋼色《はがねいろ》に変化《へんか》してギラリと光《ひか》り、突進《とっしん》してきたゴマゾウと激突《げきとつ》した。激《はげ》しい音《おと》と共《とも》に、吹《ふ》き飛《と》ばされたのはゴマゾウだった。

「ピカピカ？」

着地《ちゃくち》したピカチュウは、挑発的《ちょうはってき》な目《め》でゴマゾウを見《み》た。

「まだやるか？　ってさ」

「きょ、今日《きょう》はこの辺《へん》にしといてやるし！」

「ほ、ほら帰《かえ》るよ！」

「おっ、おぼえとけよー!!」

怖気《おじけ》づいた子《こ》どもたちは慌《あわ》てて走《はし》り去《さ》っていった。

ラルゴはサトシたちに歩《あゆ》み寄《よ》った。

「ありがとう」

「ああ、大丈夫《だいじょうぶ》だったか？」

「うん。ピカチュウもありがとね」

ラルゴが頭《あたま》をなでると、ピカチュウは、チャ～と声《こえ》を出《だ》した。

「オレはマサラタウンのサトシ。こっちは相棒《あいぼう》のピカチュウ！」

「ピカー」

「わたしはラルゴ。サトシは風祭《かざまつ》りに来《き》たの？」

「ああ、そうだぜ！」

笑顔《えがお》で答《こた》えるサトシたちの背後《はいご》で、物陰《ものかげ》に身《み》を隠《かく》す者《もの》たちがいた。ロケット団《だん》のムサシとコジロウ、ニャースだ。

ゴマゾウとピカチュウのバトルを見《み》ていたムサシは、キラリと目《め》を光《ひか》らせた。

「やるわね……」

「ああ、あの身《み》のこなし……」

コジロウもうなずく。

「次《つぎ》の『ピカチュウ捕獲作戦《ほかくさくせん》』はどうするニャ？」

ニャースがたずねると、ムサシはニヤリと笑《わら》った。

「決《き》めたわ！　あたしたちもジュース売《う》るわよ！」

「それは腕《うで》が鳴《な》るな！」

「じゃあさっそく……って、そっちかい!!」

コジロウとニャースは思《おも》わず突《つ》っ込《こ》んだ。ムサシが注目《ちゅうもく》していたのは、子《こ》どもたちが売《う》っていたレモネードだったのだ。

「こんだけ人《ひと》がわんさかいて、一大《いちだい》ムーブメントなんて起《お》こそうもんなら、活動資金《かつどうしきん》ががッポガッポよ!!」

「そ、そうだけど……ピカチュウは？　なぁ、ニャース」

コジロウが振《ふ》り返《かえ》ると、お金《かね》に目《め》がくらんだニャースは計算機《けいさんき》を叩《たた》いていた。

「さっそく取《と》りかかるニャ！」

「ソーナンス！」

茂《しげ》みから出《で》てきたソーナンスも賛同《さんどう》して、コジロウはハァ……とため息《いき》をついた。


サトシとピカチュウは、ラルゴと一緒《いっしょ》に風祭《かざまつ》り会場《かいじょう》へと歩《ある》き出《だ》した。その途中《とちゅう》で、ラルゴが風祭《かざまつ》りの由来《ゆらい》や内容《ないよう》を教《おし》えてくれた。

「じゃあ、ルギアに会《あ》えるんだ⁉」

「うん、お祭《まつ》りの最終日《さいしゅうび》にね。風祭《かざまつ》りのメインイベント！」

「すげぇな～」

サトシは目《め》を輝《かがや》かせた。あの伝説《でんせつ》のポケモン、ルギアに会《あ》えるなんて、考《かんが》えるだけで胸《むね》がワクワクする。

「あ！　あれ見《み》て！」

ラルゴが街《まち》の向《む》こうに見《み》える山《やま》を指差《ゆびさ》した。山《やま》の麓《ふもと》に細長《ほそなが》い塔《とう》のようなものが見《み》える。

「あれが聖火《せいか》！　ルギアはあの聖火《せいか》を目印《めじるし》に風《かぜ》を送《おく》ってくれるのよ」

「へえ〜」

聖火台《せいかだい》を見《み》たサトシは、遠《とお》くの山《やま》に巨木《きょぼく》のような古《ふる》い建物《たてもの》があるのに気《き》づいた。

「じゃあ、あれは？」

「昔《むかし》の発電所《はつでんしょ》。五十年前《ごじゅうねんまえ》に山火事《やまかじ》で壊《こわ》れちゃって、もう使《つか》われてないんだけどね。そのときの山火事《やまかじ》もルギアが雨《あめ》を降《ふ》らして、助《たす》けてくれたんだって」

「すげーな、ルギア！」

「ピカピカ〜」

やがて分《わ》かれ道《みち》に差《さ》しかかり、ラルゴが立《た》ち止《ど》まった。

「じゃあ、わたしこっちだから。風祭《かぜまつ》りの会場《かいじょう》はそっちだよ」

「わかった。ありがとう！」

「じゃあね」

「またな！」

ラルゴが歩《ある》き出《だ》し、ピカチュウが「ピカピカ〜」と手《て》を振《ふ》る。去《さ》っていくラルゴを見送《みおく》ったサトシたちは、会場《かいじょう》に続《つづ》く道《みち》を歩《ある》き出《だ》した。

カガチは風祭《かざまつ》り会場内《かいじょうない》にある的当《まとあ》てのアトラクションに挑戦《ちょうせん》していた。

ピンコーン！

カガチが放《はな》った球《たま》が的《まと》のど真《ま》ん中《なか》に当《あ》たり、的《まと》の上《うえ》には満点《まんてん》の三百点《さんびゃくてん》が表示《ひょうじ》された。

「よっしゃ～！」

ガッツポーズをとったカガチは、周囲《しゅうい》で拍手《はくしゅ》する人《ひと》たちに手《て》を振《ふ》った。

「おめでとうございます。こちら景品《けいひん》になります」

「ありがとさん！　ほらよ、リリィ」

カガチは景品《けいひん》のピッピ人形《にんぎょう》をリリィに手渡《てわた》した。

「やった～！　ありがと、おじさん！」

「なーに、朝《あさ》メシ前《まえ》よ」

「よかったわね」

ミアが言《い》うと、リリィは「うん！」と満面《まんめん》の笑《え》みを浮《う》かべた。

「おじさんが取《と》ってくれたこのお人形《にんぎょう》、あたしの宝物《たからもの》にするね！」

ピッピ人形《にんぎょう》を抱《かか》え後《うし》ろ向《む》きで歩《ある》いていると、よそ見《み》をしていた女《おんな》の子《こ》とぶつかった。

「きゃっ」

ぶつかった相手《あいて》はリサだった。持《も》っていたモンスターボールを落《お》としてしまい、ボールがパカッと開《ひら》く。

後《うし》ろを歩《ある》いていたカガチとミアは、慌《あわ》ててリリィに駆《か》け寄《よ》った。

「大丈夫《だいじょうぶ》か？」

「うん。ごめんなさい……」

リリィにケガがないことにホッとしたミアは、すぐにリサの方《ほう》を向《む》いた。

「すみません、おケガは？」

ふたりに謝《あやま》られたリサは、「あ、大丈夫《だいじょうぶ》」と手《て》を振《ふ》った。

「あたしこそ、よそ見《み》してたから」

リサは転《ころ》がった空《から》のモンスターボールを手《て》に取《と》った。

「お姉《ねえ》ちゃん、ポケモンは？」

「ああ、これね」

リリィに訊《き》かれたリサは、モンスターボールを恨《うら》めしそうに見《み》つめた。

「ゲットしにこの街《まち》に来《き》たんだけど……絶対激《ぜったいげき》レアよ！　全然見《ぜんぜんみ》つからないもん！」

「そしたら、おじさんに訊《き》いたらいいよ！　すごいポケモントレーナーなんだよ！」

リリィはそばにいたカガチを見《み》た。

「そうなの⁉　じゃあ教《おし》えて教《おし》えて〜！」

リサに頼《たの》まれたカガチは、ゲッと眉《まゆ》をひそめた。

「あ、ああ。どんなポケモンだ？」

「この子《こ》なんだけど……」

リサはスマホを出《だ》して、リクに頼《たの》まれたポケモンの画像《がぞう》をカガチに見《み》せた。

「ああ……こいつか。確《たし》かに激《げき》レアだな……」

カガチは知《し》ったかぶりをした。本当《ほんとう》はそんなポケモン見《み》たこともなかったが、リリィの前《まえ》で知《し》らないだなんて口《くち》が裂《さ》けても言《い》えなかった。

「え！　やっぱり⁉　どこにいるの⁉」

「あれだよ、あれ……ん――っと……」

嘘《うそ》をつくカガチの顔《かお》に見《み》る見《み》る汗《あせ》が吹《ふ》き出《だ》してきて、

「そっ、そうだ！　あそこだ、あそこ！　あの山《やま》にいるって情報《じょうほう》があったな」

カガチは適当《てきとう》な山《やま》を指差《ゆびさ》した。

「ホントに⁉　ありがとう、おじさん！」

目《め》を輝《かがや》かせたリサは、カガチの肩《かた》をバシバシ叩《たた》いた。

「お、おう……ハハハハ」

カガチは苦笑《にがわら》いしながら、指差《ゆびさ》した山《やま》を見《み》た。

山《やま》にならいろんなポケモンがいるだろうし、きっとその中《なか》に見《み》せてもらったポケモンもいるだろう……。


ラルゴと別《わか》れたサトシとピカチュウは、風祭《かざまつ》り会場《かいじょう》に着《つ》いた。

会場内《かいじょうない》には様々《さまざま》なアトラクションやパビリオンが点在《てんざい》し、大勢《おおぜい》の人《ひと》でにぎわっていた。

地面《じめん》から水《みず》が出《で》てくるゾーンでは、子《こ》どもたちとみずタイプのポケモンたちが遊《あそ》んでいて、サトシとピカチュウも加《くわ》わって遊《あそ》んでいると、場内放送《じょうないほうそう》が流《なが》れた。

『この後《あと》、メインストリートにて、風祭《かざまつ》り恒例《こうれい》ゲットレースを開催《かいさい》いたします。ポケモントレーナーの皆《みな》さまは、こぞってご参加《さんか》ください』

「ピカチュウ！　聞《き》いたか⁉」

「ピカピカ！」

張《は》り切《き》るサトシたちからやや離《はな》れたところで、リリィもアナウンスを聞《き》いていた。

「おじさん、ゲットレースだって！　出《で》てよ‼」

「は⁉」

「きっと優勝《ゆうしょう》できるよ！」

「おっ、おお！　おじさんに任《まか》せろ！」

カガチは胸《むね》を張《は》って、力《ちから》こぶを作《つく》った。

「なんたってすごいポケモントレーナーだ！　並《な》みいる強豪《きょうごう》を倒《たお》して、優勝《ゆうしょう》トロフィーをリリィにプレゼントしてやるからな！」

と、いつものように大見栄《おおみえ》を切《き》ってしまい、すぐに（やっべぇぇぇ）と後悔《こうかい》する。

「まったく……」

あきれ顔《がお》でため息《いき》をつくミアの横《よこ》で、リリィは「ホント⁉　やった〜‼」と大喜《おおよろこ》びした。


ポケモン研究者《けんきゅうしゃ》のトリトは、重《おも》い足取《あしど》りで自分《じぶん》のパビリオンに戻《もど》ると、研究発表会《けんきゅうはっぴょうかい》の準《じゅん》備《び》をしている研究員《けんきゅういん》たちのところに向《む》かった。

「発表者《はっぴょうしゃ》が来《こ》ない⁉」

明日《あした》の研究発表会《けんきゅうはっぴょうかい》で発表《はっぴょう》を務《つと》める予定《よてい》の人《ひと》が、急《きゅう》きょ来《こ》られなくなってしまったのだ。

「どうするの、トリト!?」

「なんとかするから」

「なんとかするからって――」

研究員《けんきゅういん》がトリトに詰《つ》め寄《よ》ると、ラッキーが「ラッキー」となだめるように間《あいだ》に入《はい》った。

「発表《はっぴょう》はもう明日《あした》だよ？　今《いま》から見《み》つかる？　もっとオレたちに頼《たよ》ったって……」

「だ、大丈夫《だいじょうぶ》。ひとりで何《なん》とかできるから……」

ふたりの話《はなし》を聞《き》いていた他《ほか》の研究員《けんきゅういん》たちは、責《せ》めるような視線《しせん》をトリトに投《な》げかけた。

その視線《しせん》に気《き》づいて、トリトがうつむく。

「研究《けんきゅう》が注目《ちゅうもく》を集《あつ》めるチャンス……トリトもこの発表《はっぴょう》が大切《たいせつ》なのは、わかってるはずだ」

「うん」

「頼《たの》むよ」

研究員《けんきゅういん》がため息《いき》をついて去《さ》っていくと、トリトはズリズリとその場《ば》に座《すわ》り込《こ》んだ。膝《ひざ》を抱《かか》えた両腕《りょううで》に顔《かお》をうずめる。

「ラッキー……」

そばにいたラッキーが、心配《しんぱい》そうにトリトを覗《のぞ》き込《こ》んだ。

ヒスイは町内会《ちょうないかい》の用紙《ようし》を配《くば》るため、各《かく》パビリオンを回《まわ》っていた。

トリトのパビリオンの前《まえ》で立《た》ち止《ど》まり、看板《かんばん》を見上《みあ》げる。

そんなヒスイの後《うし》ろで、

「ポケモン研究《けんきゅう》ねぇ……」

とつぶやくカガチが、服《ふく》で手《て》を拭《ふ》きながらトイレから出《で》てくる。

パビリオンに入《はい》ったヒスイは、研究室《けんきゅうしつ》の前《まえ》までやってきた。研究室《けんきゅうしつ》の中《なか》には、ラッキーがいる。

「誰《だれ》かここの者《もの》はいるかい？」

ヒスイが研究室《けんきゅうしつ》に呼《よ》びかけると、

「は……はい、僕《ぼく》です……」

ラッキーから声《こえ》がした。ヒスイは目《め》を丸《まる》くした。

「あたしゃ、ついにこの暑《あつ》さで頭《あたま》がやられちまったのかね……？」

すると、ラッキーの後《うし》ろからトリトがヌ〜ッと出《で》てきた。

「せ、正常《せいじょう》です」

「ヒエ〜〜〜!!」

ヒスイの叫《さけ》び声《ごえ》にビックリしたトリトは、後退《あとずさ》りしてラッキーの後《うし》ろに隠《かく》れた。同時《どうじ》に、悲鳴《ひめい》を上《あ》げたヒスイが、置《お》いてあった研究薬剤《けんきゅうやくざい》を床《ゆか》にぶちまけてしまい、

「うわぁ！」

薬剤《やくざい》のひとつがヒスイの服《ふく》についてしまった。

ラッキーの後《うし》ろから慌《あわ》てて出《で》てきたトリトは、床《ゆか》に落《お》ちた薬剤《やくざい》を元《もと》の位置《いち》に戻《もど》した。

「すみません！　お召《め》し物《もの》、大丈夫《だいじょうぶ》でしたか？」

「ああ……そんなことより急《きゅう》に現《あらわ》れるんじゃないよ！　あたしを殺《ころ》す気《き》かい!?」

「いえ、そんな……」

ヒスイは一枚《いちまい》の用紙《ようし》を差《さ》し出《だ》した。

「ほら！　これにサインして実行委員《じっこういいん》に渡《わた》してくんな！」

「は、はい……」

トリトが用紙《ようし》を受《う》け取《と》ると、ヒスイはフンと鼻《はな》を鳴《な》らして去《さ》っていった。

「すみませんでした……」

その後《うし》ろ姿《すがた》にトリトが頭《あたま》を下《さ》げていると、ヒスイと入《い》れ替《か》わりでベレー帽《ぼう》を被《かぶ》った小太《こぶと》

りの男《おとこ》がやってきた。

「なぁ、兄《にい》ちゃん。あんた、ポケモン研究者《けんきゅうしゃ》か？　ってことはポケモンに詳《くわ》しいよな？」

「あぁ〜!!」

トリトは男《おとこ》の顔《かお》を見《み》て思《おも》わず叫《さけ》んだ。目《め》の前《まえ》に現《あらわ》れたのは、風祭《かぜまつ》り会場《かいじょう》で巧《たく》みな話術《わじゅつ》を披露《ひろう》していたカガチだったのだ。


サトシたちと分《わ》かれたラルゴは、街《まち》の外《はず》れに到着《とうちゃく》していた。

小川《おがわ》をはさんだ向《む》こうには森《もり》が広《ひろ》がっていて、ラルゴは小川《おがわ》から飛《と》び出《で》ている石《いし》の上《うえ》をひょいひょいと渡《わた》った。

裏山《うらやま》の森《もり》に入《はい》ったラルゴはいつものように焼《や》けた鉄《てつ》の扉《とびら》や石垣《いしがき》、倒《たお》れている木《き》の下《した》などを通《とお》っていった。

森《もり》の中《なか》には、たくさんのポケモンがいた。

穏《おだ》やかに暮《く》らしているメリープの群《む》れや、ハネッコやポポッコ、ワタッコが森《もり》の奥《おく》へ進《すす》んでいくラルゴを見《み》ている。

やがて少《すこ》し開《ひら》けた場所《ばしょ》に出《で》ると、古《ふる》びて廃《すた》れた建物《たてもの》があった。屋根《やね》はすでになく、壁《かべ》もあちこち崩《くず》れて、雑草《ざっそう》や木《き》に覆《おお》われている。

建物《たてもの》の前《まえ》に来《き》たラルゴは周囲《しゅうい》をキョロキョロと見回《みまわ》して誰《だれ》もいないのを確認《かくにん》すると、バッグからパンやミルク、『きのみ』を取《と》り出《だ》して建物《たてもの》の前《まえ》に置《お》いた。

ヒメグマとメタモンが遠巻《とおま》きに見《み》ていて、ラルゴは石《いし》の上《うえ》にビスケットを包《つつ》んだハンカチを広《ひろ》げた。

「ふたりにはこれ。どうぞ」

ラルゴはそう言《い》って再《ふたた》び建物《たてもの》に向《む》いた。木《き》に覆《おお》われた建物《たてもの》の中《なか》は薄暗《うすぐら》くて、壁《かべ》の奥《おく》から何《なに》かの息《いき》づかいが聞《き》こえる。

「ごめんね……わたしのせいでケガさせちゃって……。『オレンのみ』、食《た》べると早《はや》くよくなるから、残《のこ》さず食《た》べてね……」

ウウウ……と小《ちい》さな唸《うな》り声《ごえ》が聞《き》こえてきた。

「また来《く》るね……」

ラルゴはそう言《い》って建物《たてもの》から離《はな》れて、来《き》た道《みち》を戻《もど》っていった。

3

メインストリートの広場《ひろば》には、ゲットレースに参加《さんか》するポケモントレーナーたちが十人《じゅうにん》ほど集《あつ》まっていた。その中《なか》にはサトシとカガチの姿《すがた》もあった。

観客席《かんきゃくせき》にはリリィとミア、そしてリサもいる。

広場《ひろば》の隅《すみ》ではロケット団《だん》が『ラムのみ』のジュースを売《う》っていた。意外《いがい》にも好評《こうひょう》なようで、ワゴンの前《まえ》は大勢《おおぜい》の客《きゃく》でにぎわっている。

「ゲットレースのお供《とも》に」

「『ラムのみ』のジュースはいかがですかー？」

「ポケモンの体《からだ》にとってもいい『ラムのみ』！　しびれ、ねむけ、こんらん、なーんにでも効《き》く超《ちょう》スペシャルな『きのみ』を、今回特別《こんかいとくべつ》にジュースにしたニャ！」

レースが始《はじ》まるのを今《いま》か今《いま》かと待《ま》っているサトシは、隣《となり》のピカチュウに声《こえ》をかけた。

「どんなポケモンがいるんだろうな～。楽《たの》しみだな、ピカチュウ」

「ピカピカ～！」

ピカチュウもやる気満々《きまんまん》のようだ。

やがて、実況席《じっきょうせき》に市長《しちょう》のオリバーとアナウンサーが並《なら》んで座《すわ》った。

『今年《ことし》もやってまいりました！　風祭《かざまつ》り恒例《こうれい》、ゲットレース！　ルールは簡単《かんたん》！　風祭《かざまつ》り会場《かいじょう》には、マークをつけたポケモンが参加者《さんかしゃ》を待《ま》ち受《う》けています！　しかし、ただではゲットさせてくれない強者《つわもの》ばかり。一筋縄《ひとすじなわ》ではいかないでしょう！　参加者《さんかしゃ》の皆《みな》さんは支給《しきゅう》された専用《せんよう》のボールを使《つか》いゲットしてください。ポケモンのレベルに応《おう》じてポイントがつきますよ。終了時間《しゅうりょうじかん》までにより多《おお》くのポイントをゲットした者《もの》が優勝《ゆうしょう》となります！』

他《ほか》のポケモントレーナーからやや離《はな》れたところにいるカガチは、耳《みみ》に装着《そうちゃく》したカメラ付《つ》きの小型《こがた》ヘッドセットに手《て》を当《あ》てて、ヒソヒソ声《ごえ》で話《はな》した。

「テス！　テス！　聞《き》こえてるか？　どうぞ」

「大丈夫《だいじょうぶ》です。こっちはちゃんと聞《き》こえてますよ」

パビリオン内《ない》の研究所《けんきゅうじょ》にある自分《じぶん》の部屋《へや》にいたトリトは、カガチのカメラから送《おく》られてくる映像《えいぞう》をタブレットでチェックした。

「カガチさん、協力《きょうりょく》したら本当《ほんとう》に発表《はっぴょう》をお願《ねが》いできるんですよね？」

『当《あ》たり前《まえ》だろ。お互《たが》いそれでＷＩＮ－ＷＩＮ《ウィンウィン》。だから頼《たの》んだぜ、先生《せんせい》！』

「はい。それと、くれぐれも僕《ぼく》のヒトデマンに無理《むり》させないでください」

トリトが念《ねん》を押《お》すと、

『わかってるよ！』

少《すこ》し苛立《いらだ》ったようなカガチの声《こえ》が聞《き》こえてきた。


『それではまいりましょう！　レディ〜〜〜ゲット!!』

アナウンサーの合図《あいず》に合《あ》わせて、ポケモントレーナーたちが一斉《いっせい》に飛《と》び出《だ》した。サトシとピカチュウも会場内《かいじょうない》でポケモンを探《さが》す。

「ガンガン行《い》くぜ！　目指《めざ》せ優勝《ゆうしょう》!!」

「ピカ！」

張《は》り切《き》るサトシたちの前《まえ》に現《あらわ》れたのは、〈へびポケモン〉のアーボだ。

「ピカチュウ、《でんこうせっか》！」

飛《と》び出《だ》したピカチュウは、アーボに体当《たいあ》たりした。吹《ふ》っ飛《と》ばされたアーボに、サトシがすかさずボールを投《な》げる。

ボールは光《ひかり》を放《はな》ちながらアーボを吸《す》い込《こ》み、サトシは空中《くうちゅう》でキャッチした。

「よし！　まずは一体《いったい》ゲットだぜ!!」

会場内《かいじょうない》でバンギラスを見《み》つけた参加者《さんかしゃ》のトレーナーは、先制攻撃《せんせいこうげき》を仕掛《しか》けた。わざがバンギラスに命中《めいちゅう》して、爆発《ばくはつ》が起《お》きる。

「バンギー!!」

しかし、バンギラスはダメージを受《う》けていなかった。爆煙《ばくえん》が薄《うす》れると、バンギラスはトレーナー目《め》がけて突進《とっしん》した。

トレーナーは屋台《やたい》の間《あいだ》を逃《に》げた。追《お》ったバンギラスが屋台《やたい》の飾《かざ》りに引《ひ》っかかり、暴《あば》れるうちに紐《ひも》が首《くび》に絡《から》まってしまう。

「バンギーギー──!!」

バンギラスは屋台《やたい》をなぎ倒《たお》し、自《みずか》らも倒《たお》れた。が、すぐに立《た》ち上《あ》がり、喉《のど》を振《ふ》り絞《しぼ》るように叫《さけ》びもがきながら、走《はし》っていった。

会場《かいじょう》のあちこちでバトルが繰《く》り広《ひろ》げられ、その様子《ようす》は広場《ひろば》の大型《おおがた》モニターに映《うつ》し出《だ》された。

『参加者続々《さんかしゃぞくぞく》とポケモンをゲット！　怒涛《どとう》の追《お》い上《あ》げを見《み》せるのは、カガチ選手《せんしゅ》だ！』

大型《おおがた》モニターに映《うつ》ったカガチは、キリンリキに向《む》かってボールを投《な》げた。キリンリキを吸《す》い込《こ》んだボールを拾《ひろ》い上《あ》げ、次《つぎ》のポケモンに向《む》かう。

『ヒトデマンの特性《とくせい》『はっこう』！　ポケモンが寄《よ》ってくる特性《とくせい》を遺憾《いかん》なく発揮《はっき》しています!!』

「おじさん、頑張《がんば》れ〜！」

盛《も》り上《あ》がる観客席《かんきゃくせき》の中《なか》で、目《め》を輝《かがや》かせたリリィは大《おお》きな声《こえ》で応援《おうえん》した。


サトシとピカチュウも、順調《じゅんちょう》にポケモンをゲットしていた。

「よっと！」

「ピカピカー！」

新《あら》たにオタチをゲットして喜《よろこ》んでいると——突然《とつぜん》〈よろいポケモン〉のバンギラスが突《つ》っ込《こ》んできた。

「わっ！」

「ピカ！」

ふたりは寸《すん》でのところでバンギラスをかわした。バンギラスはサトシたちに目《め》もくれず走《はし》っていく。何《なに》か様子《ようす》が変《へん》だ。

「ピカチュウ、見《み》たか？」

「ピカピカ」

「ああ！　追《お》いかけるぞ！」


ポケモンを順調《じゅんちょう》にゲットしていたカガチだったが、ここに来《き》てもう体力《たいりょく》の限界《げんかい》だった。こんなに走《はし》ったのは、何年《なんねん》ぶりだろう。

「はぁはぁ……しんど……」

『順調《じゅんちょう》です！　今一位《いまいちい》ですよ！』

ヘッドセットからトリトの声《こえ》が聞《き》こえてきたが、返事《へんじ》をする余裕《よゆう》もなかった。手《て》すりにつかまりながら少《すこ》しずつ進《すす》んでいく。すると、

「ウッソー、ウッソー！」

〈まねポケモン〉のウソッキーが目《め》の前《まえ》を横切《よこぎ》っていった。後《うし》ろを振《ふ》り返《かえ》ったウソッキーは、路地《ろじ》に並《なら》んだ植木《うえき》の間《あいだ》に立《た》った。

「何《なに》してんだ？　あいつ……」

カガチが怪訝《けげん》そうに見《み》ていると、今度《こんど》はゴルダックがやって来《き》た。何《なに》やらずいぶん怒《おこ》っている様子《ようす》で、辺《あた》りをキョロキョロ見回《みまわ》している。

「ゴルー！」

ゴルダックは植木《うえき》の間《あいだ》で木《き》のふりをしていたウソッキーを見《み》つけた。

「ウッソ――！」

見《み》つかったウソッキーは植木《うえき》の間《あいだ》から飛《と》び出《だ》した。ゴルダックが《みずでっぽう》を放《はな》ちながら、追《お》いかけていく。

『カガチさん！　ウソッキーは水《みず》が弱点《じゃくてん》、狙《ねら》い目《め》です！』

トリトの声《こえ》を聞《き》いたカガチは、ウソッキーに向《む》かって歩《ある》き出《だ》した。

ポケモンをゲットするトレーナーたちを映《うつ》していた大型《おおがた》モニターが切《き》り替《か》わり、会場内《かいじょうない》を暴走《ぼうそう》するバンギラスの姿《すがた》が映《うつ》し出《だ》された。

『おっと！　今入《いまはい》った情報《じょうほう》によると、バンギラスが会場内《かいじょうない》で暴《あば》れていて、なんとそれをサトシ選手《せんしゅ》が追《お》っています。えっと、バンギラスの首《くび》に紐《ひも》がからみついている模様《もよう》！』

裏路地《うらろじ》から飛《と》び出《だ》したバンギラスは、屋台《やたい》を倒《たお》し、自分《じぶん》もよろけて倒《たお》れた。

「ギャオー――!!」

立《た》ち上《あ》がったバンギラスが再《ふたた》び走《はし》り出《だ》す。

「バンギラスー!!」

追《お》いかけてきたサトシたちは、バンギラスの首《くび》に紐《ひも》が絡《から》みついているのに気《き》づいた。絡《から》まって苦《くる》しいから、暴《あば》れているのだ。

どうしたらいい――考《かんが》えているサトシの目《め》に、大《おお》きなアーチが見《み》えた。

「ピカチュウ！　あそこまでバンギラス連《つ》れて来《こ》れるか？」

「ピカピカ？」

できないとでも？　とサトシを見《み》る。

「頼《たの》むぞ、相棒《あいぼう》！」

サトシとピカチュウは二手《ふたて》に分《わ》かれて走《はし》り出《だ》した。

ゴルダックの《みずでっぽう》をかわしながら逃《に》げてきたウソッキーの前《まえ》に、カガチが立《た》ちはだかった。

カガチとゴルダックに挟《はさ》まれたウソッキーは立《た》ち止《ど》まった。カガチが大《おお》きく振《ふ》りかぶってボールを投《な》げる。

「……!!」

ウソッキーは思《おも》わず目《め》をつぶった。しかし、ボールが当《あ》たったのはゴルダックだった。

「ウソ〜〜〜!?」

ボールはゴルダックを吸《す》い込《こ》んで地面《じめん》に落《お》ちた。カガチはボールを拾《ひろ》うと、そばで立《た》ちつくしているウソッキーをチラリと見《み》た。

「お前《まえ》、あんま自分《じぶん》に嘘《うそ》つくなよ。癖《くせ》になるぞ……」

そう言《い》って去《さ》ろうとすると、ヘッドセットからトリトの声《こえ》が聞《き》こえてきた。

『擬態《ぎたい》するのが特徴《とくちょう》のポケモンなんですよ』

「うるせぇ。早《はや》く次《つぎ》のポケモン教《おし》えろ！」

カガチは大通《おおどお》りへと戻《もど》っていった。ひとり残《のこ》されたウソッキーは、そんなカガチの背中《せなか》を呆然《ぼうぜん》と見送《みおく》った。

サトシと分《わ》かれてバンギラスを追《お》いかけたピカチュウは、バンギラスの走《はし》る方向《ほうこう》に《10まんボルト》を放《はな》った。

激《はげ》しい電撃《でんげき》に行《ゆ》く手《て》を阻《はば》まれたバンギラスは、方向転換《ほうこうてんかん》して走《はし》っていく。

「ピカ！」

ピカチュウは何度《なんど》も《10まんボルト》を放《はな》ち、バンギラスをアーチへ導《みちび》いていった。

やがて、暴《あば》れながら走《はし》るバンギラスがアーチに近《ちか》づいていく。

アーチの上《うえ》には、サトシが立《た》っていた。

「うおおおお――!!」

バンギラスがアーチに差《さ》しかかったと同時《どうじ》に、サトシが手《て》すりを越《こ》えて、バンギラスの背中《せなか》に飛《と》び降《お》りた。

「捕《つか》まえたぜ！　バンギラス！」

しかし、紐《ひも》が首《くび》に絡《から》みついて苦《くる》しいバンギラスは走《はし》り続《つづ》けた。先《さき》には大勢《おおぜい》の人《ひと》や屋台《やたい》が並《なら》んでいる――！

「ピカピ！　ピカピカ！」

サトシ！　ボクが切《き》る！　と、バンギラスを追《お》いかけていたピカチュウが立《た》ち止《ど》まった。

「ああ、ピカチュウ！　頼《たの》むぜ！　《アイアンテール》だ!!」

「ピカ！　ピカ――チュ―――!!」

ジャンプしたピカチュウは、硬化《こうか》した尻尾《しっぽ》でバンギラスの首《くび》に絡《から》みついた紐《ひも》を切《き》った。

ドオォォン!!

はずみでバンギラスの体《からだ》が倒《たお》れて、土煙《つちけむり》が上《あ》がる。

「バンギラス！」

サトシとピカチュウが駆《か》け寄《よ》ると、バンギラスは弱々《よわよわ》しく目《め》を開《あ》けた。

「ああ、心配《しんぱい》すんな。もう大丈夫《だいじょうぶ》だ」

優《やさ》しく声《こえ》をかけたサトシは、ピカチュウの方《ほう》を振《ふ》り返《かえ》った。

「よくやった、ピカチュウ！」

「ピカピカ」

ふたりは顔《かお》を見合《みあ》わせて微笑《ほほえ》んだ。

広場《ひろば》の大型《おおがた》モニターに、バンギラスに肩《かた》を貸《か》して歩《ある》くサトシの姿《すがた》が映《うつ》ると、観客《かんきゃく》から大《おお》きな拍手《はくしゅ》が起《お》こった。

『見事《みごと》、バンギラスを救《すく》ったサトシ選手《せんしゅ》。ゲットを超《こ》えた友情《ゆうじょう》。熱《あつ》い！　熱《あつ》すぎる!!』

ゲットレースの表彰式《ひょうしょうしき》が始《はじ》まる頃《ころ》にはもう陽《ひ》が傾《かたむ》き、西《にし》の空《そら》は赤《あか》く染《そ》まり始《はじ》めていた。

「ゲットレース第二位《だいにい》、そしてバンギラスを見事救《みごとすく》ったサトシ選手《せんしゅ》には、市長賞《しちょうしょう》が贈《おく》られます」

サトシは市長《しちょう》のオリバーから小《ちい》さなトロフィーを受《う》け取《と》った。

「ありがとうございます！」

「こちらこそ、ありがとう。バンギラスを助《たす》けてくれて」

「ピカチュウが一緒《いっしょ》だったから、できるって思《おも》ったんですよ。こいつのおかげです」

サトシが肩《かた》に乗《の》ったピカチュウを見《み》ると、ピカチュウは「ピカァ」と微笑《ほほえ》んだ。

「そして、見事優勝《みごとゆうしょう》したのは、カガチ選手《せんしゅ》です！」

アナウンサーに名前《なまえ》を呼《よ》ばれたカガチは、ステージの下《した》にいるリリィに向《む》けてガッツポーズを取《と》った。

「やったぜ〜、リリィ！」

「おじさん、かっこいい〜〜〜!!」

リリィははねて喜《よろこ》んだ。そのそばには、森《もり》から戻《もど》ってきたラルゴの姿《すがた》もあった。

表彰式《ひょうしょうしき》が終《お》わると、今度《こんど》は優勝《ゆうしょう》したカガチのヒーローインタビューが行《おこな》われた。

「ゲットレース一位《いちい》、おめでとうございます」

アナウンサーにマイクを向《む》けられたカガチは、大《おお》きく胸《むね》を張《は》った。

「ありがとう！　オレにかかれば、まあこんなもんだ！」

「ちなみに、今後《こんご》ゲットしたいポケモンはいますか？」

「ああ、えっと……」

アナウンサーに質問《しつもん》されたカガチは、返答《へんとう》に困《こま》った。ポケモンなんてたいして知《し》らねぇし……と考《かんが》えていたところに、リサがスマホで見《み》せたポケモンが思《おも》い浮《う》かぶ。

「……どうもこの辺《へん》には、超《ちょう》レアポケモンがいるみたいですね」

「え？　そうなんですか？」

アナウンサーが目《め》を丸《まる》くすると、オリバーも「超《ちょう》レアポケモンですか？」と首《くび》を傾《かし》げる。

「せっかくこの風祭《かぜまつ》りに来《き》たからには、ぜひゲットしたいですね！」

と意気込《いきご》むカガチに、レースを見《み》ていた観光客《かんこうきゃく》たちがわき立《た》った。

「知《し》ってる？」「いや」「マジ？」「ゲットしたい！」

サトシとピカチュウも目《め》を輝《かがや》かせながら顔《かお》を見合《みあ》わせた。

「どんなポケモンかな……」

「ピカピカ」

レアポケモンがいると聞《き》き誰《だれ》もが心《こころ》を躍《おど》らせる中《なか》、ラルゴはひとり浮《う》かない顔《かお》だった。


ようやく町内会《ちょうないかい》の用紙《ようし》を配《くば》り終《お》えたヒスイは、自宅《じたく》に向《む》かって歩《ある》いていた。すれ違《ちが》った人《ひと》のスマホからポケランチャンネルが流《なが》れる。

『ここで超重大情報《ちょうじゅうだいじょうほう》ゲットだぜ！　フウラシティには、超《ちょう》レアポケモンが出現《しゅつげん》するらしいぞ！　ポケモントレーナーならこんなチャンス、ぜーったい見逃《みのが》せないよな！』

しばらく歩《ある》いて、背後《はいご》に気配《けはい》を感《かん》じたヒスイは足《あし》を止《と》めた。そしてバッと振《ふ》り返《かえ》る。

しかし、誰《だれ》もいない――。

ヒスイは眉《まゆ》をひそめた。さっきからずっと誰《だれ》かがついてきているような気《き》がするのだ。

「気《き》のせいかね？」

首《くび》を傾《かし》げたヒスイは、再《ふたた》び歩《ある》き出《だ》した。すると、物陰《ものかげ》からワニノコ、トゲピー、マリルが出《で》てきて、ヒスイの後《あと》をこっそりとついていった。

カガチたちが風祭《かぜまつ》り会場《かいじょう》を出《で》てホテルに向《む》かう頃《ころ》には、すっかり日《ひ》も暮《く》れ、リリィはカガチの背中《せなか》で眠《ねむ》っていた。

「おじさんともっと遊《あそ》ぶ……」

「ハハ、寝言《ねごと》言《い》ってるぞ」

「あんなに大《おお》はしゃぎだったもの、楽《たの》しかったのよ」

「それは何《なに》よりだ。──で」

カガチは隣《となり》を歩《ある》いているウソッキーをジロリとにらんだ。

「なんでお前《まえ》がついてきてんだ!!」

「ソ？　ウッソ〜」

「ウッソ〜じゃねぇよ！　ゲットしたポケモンはさっき返《かえ》したろ。って言《い》うか、お前《まえ》はゲットしてねーよ！」

カガチが声《こえ》を荒《あら》げると、ウソッキーは「シ───」と手《て》を口《くち》に当《あ》てた。

「あ？」

「何《なに》？　あなた、兄《にい》さんのこと好《す》きでついてきたの？」

ミアがたずねると、ウソッキーは「ウッソー」とうなずいた。

「帰《かえ》れ！　帰《かえ》れ！　オレはお前《まえ》なんかに好《す》かれる義理《ぎり》はねぇよ！」

「ウッソ～、ウッソ～」

何《なに》言《い》われてもついていくよ、とばかりに、ウソッキーは笑《わら》ってカガチについていった。


自宅《じたく》に戻《もど》ったラルゴは、父《ちち》のオリバーと一緒《いっしょ》に夕食《ゆうしょく》を食《た》べている。

「風祭《かざまつ》りはどうだった？」

オリバーに訊《き》かれたラルゴは「うん。楽《たの》しかったよ！」と笑顔《えがお》で答《こた》えた。

「ジェットコースターに乗《の》ったり、お化《ば》け屋敷《やしき》に入《はい》ったり……。お父様《とうさま》は？」

「今日《きょう》も大忙《おおいそが》しだったよ」

オリバーは少《すこ》し疲《つか》れたような笑《え》みを浮《う》かべた。

「ゲットレースで優勝《ゆうしょう》した人《ひと》、この街《まち》にレアポケモンがいるって言《い》ってたけど……」

「嘘《うそ》だろう。そんな話《はなし》は聞《き》いたことがない」

確《たし》かにオリバーの言《い》うとおりだった。ラルゴもそんな噂《うわさ》は今《いま》まで聞《き》いたことがない。あの人《ひと》が単《たん》に嘘《うそ》をついただけだろうか——けれど、ラルゴには気《き》にかかることがあった。

「……あの、言《い》い伝《つた》えのゼラオラって……」

「ラルゴ。そのポケモンはもういない」

少《すこ》し強《つよ》めの口調《くちょう》で否定《ひてい》されて、ラルゴはビクッと肩《かた》を震《ふる》わせた。

「でも……」

ラルゴが言《い》いかけると、オリバーは手《て》にしたコップをガンッとテーブルに置《お》いた。

「街《まち》の人《ひと》が怖《こわ》がるといけない。変《へん》なことは言《い》わないように」

「……そうだね」


その頃《ころ》。リサは暗《くら》くなった山《やま》の麓《ふもと》をうろうろと歩《ある》き回《まわ》っていた。

リクに頼《たの》まれたポケモンを捕《つか》まえようと、カガチに言《い》われた山《やま》に来《き》てみたのだが、どこにもいない。

どれくらい探《さが》し回《まわ》っただろう。バッチリ決《き》めていたメイクも汗《あせ》で落《お》ちかけ、つけまつげも取《と》れかかっている。

すっかり暗《くら》くなってしまった森《もり》は、何《なん》だか不気味《ぶきみ》だった。

「……ったく、一体《いったい》どこにいるのよ」

そのとき、背後《はいご》でガサガサッと音《おと》がした。

「ヒイ！」

リサが振《ふ》り返《かえ》ると、ヨルノズクが翼《つばさ》を広《ひろ》げて枝《えだ》に留《と》まった。さらにゴルバットがいきなり飛《と》び出《だ》してきて、

「ぎゃあああ！」

リサは腰《こし》を抜《ぬ》かした。

痛《い》てて……と地面《じめん》に打《う》ちつけたお尻《しり》をさすっていると――突然《とつぜん》、まぶしい光《ひかり》がリサに向《む》けられた。

「おい、君《きみ》！　この山《やま》は立《た》ち入《い》り禁止《きんし》だ!!」

それは監視員《かんしいん》が持《も》つ懐中電灯《かいちゅうでんとう》の光《ひかり》だった。

「は？」

リサがきょとんとすると、監視員《かんしいん》は顔《かお》をしかめた。

「ゼラオラの呪《のろ》いを知《し》らないのか？」

「ちょ、ちょっと待《ま》って」

リサは慌《あわ》てて立《た》ち上《あ》がった。

「ゼラオラ？　呪《のろ》いって……？」

「君《きみ》、観光客《かんこうきゃく》かい？　とにかく山《やま》に入《はい》ったらダメなんだ。さあ、早《はや》く」

「わ、わかったから、これだけ教《おし》えてよ」

リサはポケットからスマホを取《と》り出《だ》して、ポケモンの画像《がぞう》を見《み》せた。

「このポケモン、超《ちょう》レアらしいんだけど知《し》らない？」

「超《ちょう》レア？」

画像《がぞう》を見《み》た監視員《かんしいん》は首《くび》を傾《かし》げた。

「普通《ふつう》のイーブイじゃないか。どのみちこの山《やま》にはいないよ」

「ひぇぇぇ……」

リサはガックリと肩《かた》を落《お》とした。探《さが》していたポケモンは超《ちょう》レアでもないし、この山《やま》にもいなかったのだ。

「あのオヤジ……嘘《うそ》教《おし》えたな〜〜〜」

自宅《じたく》に戻《もど》ったヒスイが台所《だいどころ》でお茶《ちゃ》をわかし、リビングに戻《もど》ってくると、トゲピー、マリル、ネイティオ、ワニノコが部屋《へや》の中《なか》で遊《あそ》んでいた。

「ギャ〜〜〜〜!!」

ヒスイの叫《さけ》び声《ごえ》が部屋中《へやじゅう》に響《ひび》き渡《わた》る。

「なんだい、あんたたち！　どっから入《はい》ってきた!?」

と叫《さけ》んだところで、ヒスイは玄関《げんかん》の鍵《かぎ》を閉《し》め忘《わす》れたことに気《き》づいた。ポケモンたちは玄《げん》関《かん》のドアから入《はい》ってきたのだ。

ヒスイがシッシッと手《て》を振《ふ》ったが、ポケモンたちは構《かま》わず遊《あそ》び続《つづ》けている。すると、棚《たな》を登《のぼ》っていたワニノコが箱《はこ》に触《ふ》れようとした。

「こいつだけには触《さわ》るんじゃないよ!!」

ヒスイは慌《あわ》てて箱《はこ》を取《と》り上《あ》げた。しかし、怒《おこ》られたのがわかっていないワニノコは、ヒスイに飛《と》び込《こ》んだ。

「ギャ〜！　こっち来《く》るんじゃないよ!!」

ワニノコから逃《のが》れたヒスイは玄関《げんかん》へ向《む》かい、家《いえ》から出《で》ると鍵《かぎ》を閉《し》めた。

フゥ……と息《いき》をつき、窓《まど》から中《なか》を覗《のぞ》くと、ポケモンたちは出《で》ていったヒスイに気《き》を留《と》めることなく、無邪気《むじゃき》に遊《あそ》んでいる。
これでは家《いえ》の中《なか》に入《はい》れない――ヒスイはハァ……とため息《いき》をついた。

トリトはパビリオンの中《なか》にある自分《じぶん》のブースで、ゲットレースに参加《さんか》したヒトデマンの体《からだ》を拭《ふ》いていた。トリトのそばにはラッキーやラフレシア、ラランテス、ドーブルもいる。

「ご苦労《くろう》だったね、ヒトデマン」

「シュワッチ」

研究室《けんきゅうしつ》にひとり残《のこ》っていた研究員《けんきゅういん》は、ブースにいるトリトとポケモンたちを見《み》ていたが、電気《でんき》を消《け》して去《さ》っていく。

「でもおかげで、明日《あした》はなんとかなりそうだ。あの人《ひと》の演説《えんぜつ》、とっても上手《じょうず》だったから、きっと明日《あした》もうまくやってくれるはずだ……」

ヒトデマンの体《からだ》を拭《ふ》き終《お》えたトリトは、ゲットレースでカガチがつけていたヘッドセットからメモリーカードを取《と》り出《だ》して机《つくえ》に置《お》いた。そばには似《に》たようなメモリーカードがあったが、トリトは気《き》づいていないようだった。

パビリオンの奥《おく》には、ロケット団《だん》がこっそり隠《かく》れていた。

「ニャース、あいつなんの研究《けんきゅう》してるんだ？」

コジロウに訊《き》かれたニャースは、オペラグラスを使《つか》ってトリトのブースを見《み》た。

「んーっと……ポケモンの特性《とくせい》やわざみたいだニャ」

そばにいたムサシが「いいじゃな～い」とニンマリする。

「よくわからないけど、きっと役立《やくだ》つわよ」

ムサシとコジロウがグフフフ……といやらしい笑《え》みを浮《う》かべると、

「ソーナンス！」

ソーナンスが出《で》てきて相《あい》づちを打《う》った。ニャースが慌《あわ》てて「シ――ッ」と口《くち》を塞《ふさ》ぐ。

「それじゃあさっそくいただいちゃいましょ」

「お～！」

そのとき、ロケット団《だん》の背後《はいご》でパリンと何《なに》かが割《わ》れる音《おと》がした。

ブースにいたトリトは物音《ものおと》に気《き》づき、研究所《けんきゅうじょ》の電気《でんき》をつけた。

「だ、誰《だれ》かいますか～？」

おそるおそる小声《こごえ》で呼《よ》びかけてみるが、しんと静《しず》まり返《かえ》って人《ひと》の気配《けはい》も感《かん》じられない。

すると、研究所《けんきゅうじょ》に入《はい》ったラッキーが何《なに》かに気《き》づいて「ラッキー」とトリトを呼《よ》んだ。

ラッキーの元《もと》に駆《か》け寄《よ》ると——床《ゆか》に割《わ》れたフラスコが落《お》ちていた。液体《えきたい》がこぼれて広《ひろ》がっている。

「なんだ、これの音《おと》か。——みんな、ガラスに気《き》をつけて」

トリトは寄《よ》ってきたポケモンたちを制《せい》すると、しゃがんで液体《えきたい》に手《て》を触《ふ》れた。

「ドーブルインクの薬剤《やくざい》だね……」

立《た》ち上《あ》がったトリトは再《ふたた》び辺《あた》りを見渡《みわた》した。しかし、誰《だれ》もいない。

「滑《すべ》り落《お》ちたのかな……？」

物音《ものおと》を聞《き》いて慌《あわ》ててパビリオンから出《で》てきたロケット団《だん》は、ひっそり物陰《ものかげ》に身《み》を潜《ひそ》めた。

「あっぶね〜」

「焦《あせ》った……」

「日《ひ》を改《あらた》めるニャ」

「ソーナンス……」

残念《ざんねん》そうにパビリオンを見《み》つめるロケット団《だん》の後《うし》ろを、人影《ひとかげ》が横切《よこぎ》っていった。

ポケモンセンターに併設《へいせつ》されたホテルに泊《と》まっていたサトシは、部屋《へや》のバルコニーからフウラシティの夜景《やけい》を眺《なが》めた。

「この街《まち》のどこかにまだ知《し》らないポケモンがいるかもしれないんだな、ピカチュウ」

「ピカピカ〜」

そうだね、とピカチュウがニッコリ微笑《ほほえ》む。

サトシはピカチュウと一緒《いっしょ》にしばらく外《そと》を見《み》ていた。

ルギアが風《かぜ》を送《おく》るというこの街《まち》では、あちこちに建《た》てられた風車《ふうしゃ》が常《つね》に回《まわ》り続《つづ》けていた。風力発電《ふうりょくはつでん》のおかげで街《まち》には安定《あんてい》した電気《でんき》が供給《きょうきゅう》されて、夜《よる》も煌々《こうこう》と明《あ》かりがつき、街全体《まちぜんたい》がキラキラと輝《かがや》いていた。

4

風祭《かざまつ》り二日目《ふつかめ》。

水平線《すいへいせん》から昇《のぼ》った朝日《あさひ》が、フウラシティの街並《まちな》みを明《あか》るく照《て》らした。

ヒスイは玄関《げんかん》ポーチのベンチで眠《ねむ》っていた。家《いえ》の中《なか》にポケモンが入《はい》ってきたせいで、一晩外《ひとばんそと》で過《す》ごすことになってしまったのだ。

ベンチで寝《ね》ていたヒスイの顔《かお》に朝日《あさひ》が当《あ》たり、まぶしさで目《め》が覚《さ》めた。

「ん……」

唸《うな》り声《ごえ》を出《だ》しながら寝返《ねがえ》りを打《う》つと――すぐそばでバルキーとヘラクロスが寝《ね》ていた。

「ギョエ〜〜〜!!」

驚《おどろ》いたヒスイはベンチから転《ころ》げ落《お》ち、ヒスイの叫《さけ》び声《ごえ》でバルキーとヘラクロスが目《め》を覚《さ》ました。

ホテルの部屋《へや》を出《で》てきたサトシとピカチュウは、エレベーターホールで下《くだ》りエレベーターを待《ま》っていた。

「今日《きょう》は何《なに》する？　ピカチュウ」

「ピカピカ」

チーンと音《おと》がして、到着《とうちゃく》したエレベーターの扉《とびら》が開《あ》いた。乗《の》り込《こ》もうとしたサトシは、中《なか》にいたリサと目《め》が合《あ》った。

目《め》の下《した》にクマを作《つく》ってゲッソリしていたリサの表情《ひょうじょう》がパアッと明《あか》るくなったかと思《おも》うと、すぐに涙《なみだ》ぐんで、サトシの肩《かた》をガッとつかむ。

「見《み》つけた〰〰〰！」

「え⁉　何《なに》⁉」

「ピカ⁉　チュ〰〰〰‼」

ビックリしたピカチュウが思《おも》わず強烈《きょうれつ》な電撃《でんげき》を放《はな》ち、サトシとリサは感電《かんでん》してしまった。

「ピカピカ〜」

リサに電撃《でんげき》を食《く》らわせてしまったピカチュウは、街外《まちはず》れの丘《おか》を歩《ある》きながら謝《あやま》った。

「ピカチュウがごめんってさ」

サトシがピカチュウの気持《きも》ちを伝《つた》えると、リサは「いいのいいの！　そんなこと」と手《て》を横《よこ》に振《ふ》った。

「それより、ゲットレース準優勝者《じゅんゆうしょうしゃ》に手伝《てつだ》ってもらえるなんて！」

「大《おお》げさだなぁ……」

苦笑《にがわら》いするサトシに、リサは、ううん、と首《くび》を振《ふ》った。

「それに比《くら》べてあいつ、嘘教《うそおし》えやがって――」

「シッ！」

突然《とつぜん》、サトシが立《た》ち止《ど》まって、人差《ひとさ》し指《ゆび》を口《くち》の前《まえ》に当《あ》てた。

ピカチュウが草《くさ》むらを覗《のぞ》き込《こ》んでいる。

「ピカピカ」

「でかしたぞ、ピカチュウ」

サトシは草《くさ》をかき分《わ》けて、向《む》こう側《がわ》を覗《のぞ》いた。するとそこには――〈しんかポケモン〉のイーブイがいた。

リサは慌《あわ》ててスマホを取《と》り出《だ》し、リクに頼《たの》まれたポケモンの画像《がぞう》を確認《かくにん》した。

「あの子《こ》だ！」

「ゲットには、まずバトルだ。リサ、ポケモンは？」

「いや、いないけど……」

「そっか。よし！　ピカチュウ、頼《たの》めるか？」

「ピカピカ！」

いつでも行《い》けるよ！　とピカチュウが拳《こぶし》を握《にぎ》る。

「じゃあ！　あとはぶっつけ本番《ほんばん》だ！」

「え!?　あっ、嘘《うそ》！」

サトシに背中《せなか》を押《お》されたリサは、草《くさ》むらから出《で》てきてしまった。ピカチュウも「ピッカ～！」と飛《と》び出《だ》す。

「イーブイ!!」

リサとピカチュウに気《き》づいたイーブイは、後《うし》ろ足《あし》で砂《すな》をかけてきた。《すなかけ》だ。

いきなりのバトルでリサはとっさに指示《しじ》できず、ピカチュウは砂煙《すなけむり》にのまれてしまった。

「ピカピカ……」

「ごめん、ピカチュウ！」

「リサ！　落《お》ち着《つ》いて。いいか、イーブイをよく見《み》るんだ！」

草《くさ》むらからサトシが声《こえ》をかけると、

「うん、わかった」

リサが目《め》の前《まえ》のイーブイを見据《みす》えると、イーブイはピカチュウに向《む》かって突進《とっしん》してきた。

「ピカチュウ、かわして！」

リサの指示《しじ》に反応《はんのう》したピカチュウが、すばやくイーブイをかわす。

「リサ、《でんこうせっか》だ！」

「《でんこうせっか》！」

「ピカ！」

ピカチュウは、イーブイに体当《たいあ》たりした。吹《ふ》き飛《と》ばされたイーブイが地面《じめん》を滑《すべ》っていく。

「今《いま》だ！　モンスターボールだ！」

「うん、わかった！」

リサはイーブイ目《め》がけてモンスターボールを投《な》げた。当《あ》たったモンスターボールが開《ひら》いて光《ひかり》を放《はな》ち、イーブイを吸《す》い込《こ》む。が、すぐにボールが開《ひら》いてイーブイが飛《と》び出《だ》した。

「ピカ！」

「惜《お》しい！　もう一回《いっかい》！」

「うん!!」

リサは顔《かお》の汗《あせ》を手《て》で拭《ぬぐ》うと、真剣《しんけん》な表情《ひょうじょう》でイーブイと向《む》き合《あ》った。すると、イーブイは《スピードスター》を放《はな》った。

「《アイアンテール》だ！」

「《アイアンテール》！」

「ピカ！」

ピカチュウの尻尾《しっぽ》が鋼色《はがねいろ》に変化《へんか》してギラリと光《ひか》り、星形《ほしがた》の光線《こうせん》を弾《はじ》き返《かえ》す。

「《10まんボルト》！」

「《10まんボルト》!!」

ピカチュウが両頬《りょうほお》から電気《でんき》を発《はっ》して《10まんボルト》を放《はな》ち、強烈《きょうれつ》な電撃《でんげき》がイーブイに直撃《ちょくげき》した。

「リサ！」

「うん！」

リサはもう一度《いちど》モンスターボールを投《な》げた。

イーブイを吸《す》い込《こ》んだモンスターボールが地面《じめん》に落《お》ちて、中央《ちゅうおう》のボタンを赤《あか》く光《ひか》らせながらユラユラと揺《ゆ》れる。

「お願《ねが》い!!」

リサは揺《ゆ》れるモンスターボールを祈《いの》るように見《み》つめた。すると、カチッと音《おと》がして、ボタンの光《ひかり》が消《き》えた。

「やったな、リサ！」

草《くさ》むらから出《で》てきたサトシが言《い》うと、リサは「え？」と目《め》を丸《まる》くした。

「これでゲットできたの？」

「ああ！」

「ピカピカ〜！」

おめでとう！　とピカチュウに言《い》われて、リサは「やった〜!!」と飛《と》び上《あ》がって喜《よろこ》んだ。

「イーブイ、ゲットしちゃった〜〜〜♡　ありがと！　サトシ！　ピカチュウ！」

いつの間《ま》にか汗《あせ》だくになっていたリサは、顔《かお》の汗《あせ》を手《て》で拭《ぬぐ》って、サトシたちの方《ほう》を向《む》いた。するとリサの顔《かお》を見《み》たサトシが、ギョッと目《め》を見開《みひら》く。

「ゲッ!?　眉毛《まゆげ》は？」

「…ハッ!!」

リサは慌《あわ》ててポーチから鏡《かがみ》を出《だ》して見《み》た。すると、顔《かお》を拭《ふ》いたせいで、メイクがすっかり取《と》れて眉毛《まゆげ》が消《き》えていた。

「おまたせ」

草《くさ》むらの陰《かげ》でメイクを直《なお》したリサが戻《もど》ってくると、サトシが「ねぇ、イーブイ出《だ》してよ！」と頼《たの》んだ。

「うん」

リサはモンスターボールからイーブイを出《だ》した。

「ピカピカ！」

よろしく、とピカチュウが近《ちか》づくと、イーブイも「イーブイ！」とニコリとする。

リサも屈《かが》んでイーブイに近《ちか》づいた。

「リサよ！　仲良《なかよ》くしましょう」

すると、イーブイはプイッと首《くび》を振《ふ》った。

「な……っ」

唖然《あぜん》とするリサのそばで、サトシとピカチュウが笑《わら》う。

「大丈夫《だいじょうぶ》、大丈夫《だいじょうぶ》。すぐ仲良《なかよ》くなれるって」


さっそく仲良《なかよ》くなったピカチュウとイーブイは、海《うみ》が見《み》える草原《そうげん》で追《お》いかけっこをして遊《あそ》び始《はじ》めた。

サトシとリサはベンチに座《すわ》り、楽《たの》しそうに走《はし》り回《まわ》っているピカチュウたちを眺《なが》めていた。

「ポケモンゲットしたの初《はじ》めてで興奮《こうふん》しちゃった。こう、なんだろ。熱《あつ》い感《かん》じしたの久《ひさ》しぶり！」

リサは目《め》を輝《かがや》かせた。今《いま》でもバトルしたときのことを思《おも》い出《だ》すと、胸《むね》がじんわりと熱《あつ》くなる。

「な？　いいだろ？」

サトシに言《い》われて、リサはうなずいた。

「あたし、小《ちい》さい頃《ころ》から陸上競技《りくじょうきょうぎ》ばっかしてたから、ゲットの仕方《しかた》もわからなくてさ」

「じゃあ、足速《あしはや》いんだ？」

「うん。こう見《み》えても、地方《ちほう》チャンピオンだよ」

「すげえ〜〜〜！」

感嘆《かんたん》の眼差《まなざ》しを向《む》けられたリサは、苦笑《にがわら》いしながらうつむいた。

「でも、やめちゃった……」

「なんで？」

リサはおもむろに立《た》ち上《あ》がって、空《そら》を見上《みあ》げた。

「ケガで……もう治《なお》ってなんともないんだけどね。走《はし》るのが急《きゅう》に怖《こわ》くなってさ……」

とうの昔《むかし》にケガは治《なお》っていて、一日《いちにち》も早《はや》く練習《れんしゅう》に戻《もど》らなきゃいけないって頭《あたま》ではわかっているのに、リサの足《あし》はグラウンドから遠《とお》のいていた。

走《はし》るのが大好《だいす》きで、ずっと走《はし》り続《つづ》けてきて、初《はじ》めて大《おお》きなケガをした。医者《いしゃ》は完治《かんち》したって言《い》ったけれど、もし元《もと》のように走《はし》れなかったら……そう思《おも》うと、なんだか怖《こわ》くて走《はし》れないのだ。

サトシは、ふ〜ん、と相《あい》づちを打《う》った。

「イーブイがいたら、また走《はし》れるようになると思《おも》うな」

「え？　なんで？」

言《い》っている意味《いみ》がわからなくて、リサはきょとんとした。

「だってさ、ひとりでできないことも、ポケモンがいるとなんでもできる！　ってなんか思《おも》うんだ！」

ベンチに戻《もど》ってきたピカチュウが、サトシの肩《かた》の上《うえ》に乗《の》った。

「ピカァ！」

「何《なに》それ」

まじめな顔《かお》で力説《りきせつ》するサトシが何《なん》だかおかしくて、リサはフフッと笑《わら》った。

すると遠《とお》くからサイレンが聞《き》こえてきた。バイクに乗《の》ったジュンサーが草原《そうげん》の向《む》こうを走《はし》っていく。

「ジュンサーさん……？　事件《じけん》かな……？」

サトシとリサは通《とお》り過《す》ぎていくジュンサーのバイクを不思議《ふしぎ》そうに見《み》つめた。

「おい！　先生《せんせい》！」

ドンドンとドアを叩《たた》く音《おと》と叫《さけ》び声《ごえ》で、パビリオンの中《なか》で寝《ね》ていたトリトは飛《と》び起《お》きた。

「ど、どうしたんです？　こんな朝早《あさはや》く……」

寝《ね》ぼけ眼《まなこ》をこすりながらドアを開《あ》けると、鬼《おに》の形相《ぎょうそう》をしたヒスイが立《た》っていた。

「これは一体《いったい》どういうことなんだい!?」

ヒスイの後《うし》ろには、ヘラクロス、ネイティオ、バルキー、ワニノコ、トゲピー、マリルがいた。

「〝これ〟って、ポケモンたちですか……？」

「昨日《きのう》ここに来《き》てから様子《ようす》が変《へん》なんだよ！」

ヒスイはそう言《い》って、着《き》ていたロングベストの染《し》みを指差《ゆびさ》した。

「ああ……昨日《きのう》こぼした薬剤《やくざい》。あれはポケモンのわざ《あまいかおり》をもとに作《つく》った薬《やく》剤《ざい》なんです。ポケモンが好《す》きなかおりで、集《あつ》まってくるっていう……うわっ！」

トリトが得意《とくい》げに説明《せつめい》すると、ヒスイの杖《つえ》が飛《と》んできた。

「なんだい、そのろくでもない薬《くすり》は！　あたしゃポケモンに関《かか》わりたくないんだ！　早《はや》くこの効果《こうか》を消《け》してくんな!!」

「そ、そんな急《きゅう》に言《い》われても……」

トリトが困《こま》っていると、パビリオンの奥《おく》から研究員《けんきゅういん》が慌《あわ》てた様子《ようす》で走《はし》ってきた。

「トリト！　大変《たいへん》だ！　今《いま》、祭《まつ》りの運営《うんえい》から連絡《れんらく》があって……！」

サイレンを鳴《な》らしながらバイクで走《はし》っていくジュンサーが気《き》になったサトシとリサは、ジュンサーの後《あと》を追《お》う。

すると、メインストリートを走《はし》っているはずのケーブルカーが止《と》まっていて、周囲《しゅうい》に人《ひと》だかりができていた。

何事《なにごと》だろう、と人《ひと》の間《あいだ》をすり抜《ぬ》けて奥《おく》へ進《すす》むと、驚《おどろ》いたことにケーブルカーのレールに石《いし》がぎっしりと詰《つ》まっていた。

鑑識《かんしき》が写真《しゃしん》を撮《と》ったり記録《きろく》するそばで、ジュンサーはオリバー市長《しちょう》の方《ほう》を向《む》いた。

「他《ほか》にもアトラクションの電気系統《でんきけいとう》に異常《いじょう》が出《で》ていたり、会場《かいじょう》に洗剤《せんざい》がまかれていたり、多《おお》くのいたずらが報告《ほうこく》されています」

「一体誰《いったいだれ》がこんなことを……」

困惑《こんわく》するオリバーを遠巻《とおま》きに見《み》ていたリサは、集《あつ》まっていた人《ひと》の中《なか》にカガチを見《み》つけた。

「あ！　あんた！」

指《ゆび》を差《さ》されたカガチがギクリとする。リサはすかさず詰《つ》め寄《よ》った。

「あんたのせいで一晩中《ひとばんじゅう》……むむむ！」

文句《もんく》を言《い》いかけたリサの口《くち》を、カガチが慌《あわ》てて押《お》さえる。

「悪《わる》かったよ、テキトーなこと言《い》って。姪《めい》の前《まえ》だ。ここはオレの顔《かお》を立《た》ててくれよ。頼《たの》む！」

「はあ？」

カガチのそばでは、リリィがきょとんとした顔《かお》でふたりを見《み》ていた。

「このとおり！」

「……あなた、ろくな死《し》に方《かた》しないよ」

カガチに手《て》を合《あ》わせられたリサは、しぶしぶ了承《りょうしょう》した。すると、リリィがリサのそばにいたイーブイに気《き》づいた。

「お姉《ねえ》ちゃん、ゲットできたんだね！」

「うん。おじさんのおかげでね！」

リサはそう言《い》ってカガチを振《ふ》り返《かえ》り、嫌味《いやみ》な笑《え》みを浮《う》かべた。

「ハハハハ……！」

引《ひ》きつり笑《わら》いしたカガチが、リサの肩《かた》をバシバシと叩《たた》く。

すると、オリバー市長《しちょう》がその場《ば》にいる人《ひと》たちに声《こえ》をかけた。

「皆《みな》さん、すみません。復旧《ふっきゅう》の目処《めど》が立《た》ちしだい、放送《ほうそう》にてお知《し》らせします。もうしばらくお待《ま》ちください」

頭《あたま》を下《さ》げるオリバーに、観光客《かんこうきゃく》たちからは落胆《らくたん》の声《こえ》が聞《き》こえてきた。

「仕方《しかた》ないわね」「とりあえず部屋《へや》で時間潰《じかんつぶ》す？」

ケーブルカーに乗《の》るのをあきらめた人《ひと》たちが次々《つぎつぎ》と去《さ》っていき、サトシは汗《あせ》を拭《ふ》いているオリバーに駆《か》け寄《よ》った。

「市長《しちょう》、オレたちも手伝《てつだ》いますよ！」

「あっ、サトシ」

オリバーのそばにいたラルゴが、サトシを見《み》て驚《おどろ》く。

「なんだ、ふたりはもう知《し》り合《あ》いだったのかい？」

「昨日《きのう》、街《まち》で会《あ》ったの」

すると、サトシの言葉《ことば》を聞《き》いたリサが「ちょっと！」と割《わ》り込《こ》んできた。

「今《いま》、〝オレたち〟って、あたしも入《い》れたでしょ！」

「だって早《はや》く元通《もとどお》りにして、風祭《かざまつ》りができた方《ほう》がいいだろ？」

サトシが手伝《てつだ》いを申《もう》し出《で》るのを見《み》ていたリリィは、カガチの袖《そで》を引《ひ》っ張《ぱ》った。

「おじさん、あたしたちもお手伝《てつだ》いしようよ！」

「ええ!?」

「ゲットレースのトップ2《ツー》に手伝《てつだ》っていただけたら、助《たす》かります」

オリバーに頭《あたま》を下《さ》げられたカガチは、「いや〜……」と頭《あたま》を掻《か》いた。

「実《じっ》は今日《きょう》、オレ、研究発表会《けんきゅうはっぴょうかい》の方《ほう》に顔出《かおだ》さなくてはいけなくてですね……」

そばにいたウソッキーが「ウッソー」と驚《おどろ》く。

「なんで研究発表会《けんきゅうはっぴょうかい》なんかに？」

ミアに訊《き》かれたカガチは「えっと、それは……」と言《い》いよどんだ。

ゲットレースに協力《きょうりょく》してもらう代《か》わりに、研究発表会《けんきゅうはっぴょうかい》の発表者《はっぴょうしゃ》を引《ひ》き受《う》けたなんて、口《くち》が裂《さ》けても言《い》えない。

すると、リサがカガチに近《ちか》づいてきて、こっそり耳打《みみう》ちした。

「どうせそれも嘘《うそ》でしょ？　あの子《こ》かわいそ〜。さっきの件《けん》、黙《だま》っててあげるんだから、手伝《てつだ》いなさいよ」

嘘《うそ》つき呼《よ》ばわりされたカガチは、ク〜ッと歯噛《はが》みした。研究発表会《けんきゅうはっぴょうかい》に行《い》かなきゃいけないのは嘘《うそ》じゃないのに――。

（……まぁいっか。祭《まつ》りが再開《さいかい》しない以上《いじょう》、発表会《はっぴょうかい》もないだろうし……）

「あ〜もうわかったよ！」

カガチが観念《かんねん》したように言《い》うと、サトシが「よし！」と胸《むね》の前《まえ》で拳《こぶし》を握《にぎ》った。

「じゃあやるぞ〜!!」

「ピカ〜！」

張《は》り切《き》るサトシとピカチュウを見《み》て、カガチはハァ……と小《ちい》さく息《いき》をついた。

風祭《かざまつ》りが急《きゅう》きょ中止《ちゅうし》となり、がらんとしたトリトのパビリオンでは、ヒスイが連《つ》れてきたポケモンたちが無邪気《むじゃき》に遊《あそ》んでいた。

「また増《ふ》えてる……」

ポケモンたちを遠巻《とおま》きに見《み》ていたヒスイは、いつの間《ま》にかムチュールが仲間《なかま》に加《くわ》わっているのに気《き》づいた。

すると、パビリオンの奥《おく》からトリトがポケモンフーズを持《も》ってきて、ポケモンたちに与《あた》え始《はじ》めた。

「先生《せんせい》、あんた今日発表会《きょうはっぴょうかい》じゃなかったかい？」

「はい……」

大事《だいじ》な研究発表会《けんきゅうはっぴょうかい》が中止《ちゅうし》になるかもしれないというのに、トリトはそれほど残念《ざんねん》がっていないようで、のんびりとポケモンたちにポケモンフーズを与《あた》えていた。

『ポケランチャンネルの時間《じかん》だぜ！　二日目《ふつかめ》の風祭《かざまつ》りは波乱《はらん》の幕開《まくあ》け！　誰《だれ》かのいたずらによって現在開催《げんざいかいさい》が危《あや》ぶまれていますが……運営《うんえい》の人《ひと》たち、街《まち》の人《ひと》たちが、一生懸命復旧《いっしょうけんめいふっきゅう》作業《さぎょう》に当《あ》たっています！』

ポケランチャンネルが伝《つた》えているとおり、会場《かいじょう》の各所《かくしょ》ではたくさんの人《ひと》たちがポケモンと協力《きょうりょく》して風祭《かぜまつ》りを再開《さいかい》するための作業《さぎょう》をしていた。

レールをキレイに清掃《せいそう》している人々《ひとびと》。

みずタイプのポケモンと一緒《いっしょ》に洗剤《せんざい》を洗《あら》い流《なが》している人々《ひとびと》。

でんきタイプのポケモンとアトラクションをチェックしている人々《ひとびと》——。

サトシたちも洗剤《せんざい》をまかれて泡《あわ》だらけになった風祭《かぜまつ》り会場《かいじょう》をモップで掃除《そうじ》していた。

そばではリリィがピカチュウやイーブイと水《みず》たまりで遊《あそ》び、ウソッキーが跳《は》ねる水《みず》を必死《ひっし》でよけている。

すると、レモネードを売《う》っていた子《こ》どもたちが、モップで掃除《そうじ》しながら通《とお》りがかった。

「つたく、なんでオレたちまでこんな……」

「きっとゼラオラの呪《のろ》いだし！　うわっ！」

泡《あわ》で滑《すべ》った子《こ》どもたちがギャハハハと笑《わら》い、サトシが振《ふ》り返《かえ》る。

「あ！　お前《まえ》たち！」

「ねぇねぇ！」

子《こ》どもたちの話《はなし》を聞《き》いていたリサは、山《やま》で会《あ》った監視員《かんしいん》のことを思《おも》い出《だ》した。彼《かれ》らも同《おな》じようなことを言《い》っていたような気《き》がする。

「そのゼラオラの呪《のろ》いってなんなの？」

リサがたずねると、子《こ》どもたちは「知《し》らねーの!?」とバカにしたような目《め》で見《み》た。

「五十年前《ごじゅうねんまえ》の山火事《やまかじ》で死《し》んだゼラオラは、山《やま》に呪《のろ》いをかけたんだし！」

「人間《にんげん》が一歩《いっぽ》でも山《やま》へ入《はい》ると、災《わざわ》いが起《お》きるんだ！」

「それがゼラオラの呪《のろ》い！」

「嘘《うそ》だ！　そんなことない!!」

突然《とつぜん》、そばで黙々《もくもく》と掃除《そうじ》をしていたラルゴがうつむき叫《さけ》んだ。

「ど、どうしたの？　急《きゅう》に」

リサに言《い》われて、ラルゴはハッと我《われ》に返《かえ》ったように顔《かお》を上《あ》げた。

すると、ピンポンパンポーン……とチャイムが鳴《な》った。

『風祭《かざまつ》り運営《うんえい》からのお知《し》らせです。各所《かくしょ》、安全《あんぜん》の確認《かくにん》が取《と》れたため、これより風祭《かざまつ》りを再《さい》開《かい》いたします』

「ピカ？」

「ああ、よかった！」

「みんなでやったら案外早《あんがいはや》かったわねー」

サトシやリサたちが喜《よろこ》ぶ中《なか》、カガチはゲッと顔《かお》をしかめた。

「緊急事態発生《きんきゅうじたいはっせい》……」

「……？」

冷《ひ》や汗《あせ》をたらしているカガチを、リサは怪訝《けげん》そうに見《み》た。


トリトのパビリオンにも風祭《かざまつ》り再開《さいかい》の放送《ほうそう》が流《なが》れ、研究員《けんきゅういん》たちから安堵《あんど》の声《こえ》が上《あ》がった。

「よかった。急《いそ》いで準備《じゅんび》を進《すす》めよう！」

「よっしゃー！」

早速準備《さっそくじゅんび》に取《と》り掛《か》かる研究員《けんきゅういん》たちの傍《かたわ》らで、トリトはなぜか呆然《ぼうぜん》と立《た》っていた。ヒスイが「先生《せんせい》」と声《こえ》を掛《か》ける。

ヒスイの近《ちか》くでじゃれ合《あ》っているポケモンたちの輪《わ》の中《なか》には、いつの間《ま》にかカイリキーが加《くわ》わっていた。

「また増《ふ》えてんだけど……。早《はや》くなんとかしてくれないと、あたしゃそのうちポケモンたちで埋《う》まっちまうよ」

「す、すみません。埋《う》まらないうちになんとかします。発表《はっぴょう》が終《お》わったらすぐに……」

トリトはそう言《い》いながらも、そわそわと外《そと》の方《ほう》を見《み》た。

5

止《と》まっていたケーブルカーが動《うご》き出《だ》して、サトシたちがいる風祭《かざまつ》り会場《かいじょう》にも続々《ぞくぞく》と観光《かんこう》客《きゃく》が降《お》りてきた。

「お！　ケーブルカーも再開《さいかい》したんだ！」

「これで一件落着《いっけんらくちゃく》ね！」

サトシとリサが喜《よろこ》んでいる後《うし》ろで、カガチがそっと後退《あとずさ》り、ダッと走《はし》り出《だ》した。

「あれ？　おじさんは？」

リリィが周囲《しゅうい》をキョロキョロと見回《みまわ》すと、

「ウッソ〜！」

あそこ！　とウソッキーが走《はし》っていくカガチを指《さ》した。

リサは、ふーんと腕組《うでぐ》みをした。

「あいつ、あやしい！　いたずらの犯人《はんにん》なんじゃ……」

リリィが「ちがう！」と頬《ほお》を膨《ふく》らませた。

「とりあえず追《お》いかけよう！」

サトシとピカチュウが走《はし》り出《だ》して、ミア、リリィ、ラルゴも後《あと》を追《お》う。

リサも追《お》いかけようとしたが、すぐに足《あし》を止《と》めてしまった。

走《はし》れないのだ。走《はし》ろうとすると、とたんに足《あし》がすくんで動《うご》けなくなってしまう――。

うつむいて立《た》ちつくしたリサは、やがてゆっくりと歩《ある》き出《だ》した。


風祭《かざまつ》りが再開《さいかい》されて、トリトのパビリオンにも続々《ぞくぞく》と人《ひと》が集《あつ》まってきた。

パビリオンの入《い》り口《ぐち》に立《た》ったトリトとラッキーは、人波《ひとなみ》の中《なか》にカガチの姿《すがた》を探《さが》していた。

「来《こ》ないな……」

するとそこに、研究員《けんきゅういん》がトリトを呼《よ》びに来《き》た。

「トリト。そろそろ……」

「は、はい……」

と外《そと》を行《ゆ》き交《か》う人々《ひとびと》を見《み》たが、カガチが来《く》る気配《けはい》はない。約束《やくそく》を忘《わす》れてしまったのだろうか――。

「これ、発表《はっぴょう》の映像《えいぞう》データです」

あきらめたトリトはメモリーカードを研究員《けんきゅういん》に渡《わた》して、パビリオンの中《なか》に入《はい》った。その足《あし》がガクガクと震《ふる》えているのを見《み》て、ヒスイが声《こえ》をかける。

「あんた、大丈夫《だいじょうぶ》なのかい？」

「どうにかなりますよ」

と言《い》ったとたん、階段《かいだん》につまづいて「あっ、がっ、だっ」と転《ころ》がり落《お》ちてくる。

「ダメだこりゃ……」

「ラッキー……」

そばにいたラッキーも不安《ふあん》そうに顔《かお》をしかめた。

風祭《かざまつ》り会場《かいじょう》を走《はし》っていたカガチは、途中《とちゅう》で人《ひと》とぶつかりそうになり、とっさによけた。するとその拍子《ひょうし》に、子《こ》どもと歩《ある》いていたドードーの体《からだ》に乗《の》っかってしまった。

「ドー――!!」

ビックリしたドードーが走《はし》り出《だ》し、カガチは必死《ひっし》にドードーにつかまった。

「ドーードーー‼」

「どいてどいてーー！」

観光客《かんこうきゃく》が慌《あわ》ててよけていき、ドードーはものすごい速《はや》さで突《つっ》走《ぱし》っていった。

トリトが古《ふる》いロボットのようにぎこちない動《うご》きで壇上《だんじょう》に上《あ》がると、満員《まんいん》の客席《きゃくせき》から拍手《はくしゅ》が起《お》こった。

しかし、緊張《きんちょう》した面持《おもも》ちでマイクの前《まえ》に立《た》ったものの、トリトは一向《いっこう》に話《はな》し出《だ》さない。

不審《ふしん》に思《おも》った客《きゃく》たちがざわつき出《だ》した。

「頑張《がんば》れ」

舞台《ぶたい》の袖《そで》で見守《みまも》っていた研究員《けんきゅういん》がつぶやく。すると、トリトはようやくしゃべり出《だ》した。

「ご……ご来場《らいじょう》の、みな……皆《みな》さま……」

研究所《けんきゅうじょ》の中《なか》から見《み》ていたヒスイは、トリトのあまりの緊張《きんちょう》ぶりに目《め》を覆《おお》いたくなった。

「しっかりしな！　男《おとこ》だろ！」

「ほ……本日《ほんじつ》は……われ……我々《われわれ》、ポケ、ポケモン研究《けんきゅう》の……」

ドードーに乗《の》ったカガチがパビリオンに入《はい》ると、壇上《だんじょう》にはガチガチに緊張《きんちょう》したトリトが立《た》っていた。

「やべっ、遅《おそ》かったか……」

遅《おく》れて、サトシ、ミア、リリィ、ラルゴもパビリオンに入《はい》ってきた。ピカチュウ、ウソッキー、イーブイもいる。

「カガチさん！」

「兄《にい》さん！　ここに何《なに》があるのよ？」

サトシとミアに訊《き》かれて、カガチは「あ、いや……」と言葉《ことば》を濁《にご》した。

壇上《だんじょう》のトリトは緊張《きんちょう》で言葉《ことば》が出《で》ないようで、汗《あせ》をダラダラかいた顔《かお》をうつむかせていた。

「トリト！　映像《えいぞう》だ！」

「あ……」

研究員《けんきゅういん》の声《こえ》に気《き》づいたトリトは、演台《えんだい》のコントローラーを押《お》した。背後《はいご》の大型《おおがた》モニターが明《あか》るくなって、映像《えいぞう》が流《なが》れる。

『カガチさん！　あいつをゲットしたらトップです！《みずでっぽう》が有効《ゆうこう》です！』

『わかった！《みずでっぽう》だ！　それ！』

それは研究発表用《けんきゅうはっぴょうよう》の映像《えいぞう》ではなく、ゲットレースの映像《えいぞう》だった。カガチがつけていたカメラ付《つ》きの小型《こがた》ヘッドセットで撮《と》っていたものだ。

「あ……あ……」

トリトは青《あお》ざめた。

研究員《けんきゅういん》にうっかり違《ちが》うメモリーカードを渡《わた》してしまったのだ。

歩《ある》いてきたリサがパビリオンに入《はい》ると、ちょうど大型《おおがた》モニターにゲットレースの映像《えいぞう》が流《なが》れたところだった。

『よし！　これでリリィの期待《きたい》を裏切《うらぎ》らねぇで済《す》むぜ。姪《めい》はオレをすごいトレーナーだって信《しん》じてんだ』

研究員《けんきゅういん》が慌《あわ》ててトリトの元《もと》に駆《か》けつけ、コントローラーを奪《うば》った。大型《おおがた》モニターの画面《がめん》が真《ま》っ暗《くら》になり、会場内《かいじょうない》が大《おお》きくざわつく。

「兄《にい》さん、あれはどういうこと？」

「あ、えっと……」

ミアに問《と》いただされたカガチは、動揺《どうよう》して後退《あとずさ》った。背後《はいご》にいた人《ひと》とぶつかり、はずみでモンスターボールを落《お》とす。

転《ころ》がったモンスターボールの中《なか》は空《から》だった。

「おじさん、それ……」

「いや……こ、これはな」

「嘘《うそ》……ついたの？」

カガチをまっすぐ見据《みす》えるリリィの目《め》からは、涙《なみだ》が流《なが》れていた。


研究所《けんきゅうじょ》から壇上《だんじょう》を見《み》ていたヒスイは、部屋《へや》の奥《おく》で何《なに》かが動《うご》く気配《けはい》に気《き》づいた。

「あんたたち……新入《しんい》りはもういないだろうね？」

そばで遊《あそ》んでいたポケモンたちは、互《たが》いに顔《かお》を見合《みあ》わせてうなずいた。

明《あ》かりのついていない部屋《へや》の奥《おく》を、ヒスイは目《め》を凝《こ》らして見《み》た。暗《くら》くて見《み》えないけれど、確《たし》かに何《なに》かいる。

ヒスイが近《ちか》くにあった懐中電灯《かいちゅうでんとう》で部屋《へや》の奥《おく》を照《て》らすと――ロケット団《だん》が棚《たな》に置《お》かれた薬《やく》剤《ざい》を盗《ぬす》もうとしていた。

「あんたたち、何者《なにもの》だい？」

ヒスイに訊《き》かれて、ムサシとコジロウはクルリと振《ふ》り返《かえ》った。

「何者《なにもの》だい？　と訊《き》かれたら」

「答《こた》えてあげるが世《よ》の情《なさ》け」

ムサシとコジロウがお決《き》まりのポーズを取《と》り、

「……って、答《こた》えてる場合《ばあい》じゃないニャ！」

「ソーナンス！」

ニャースとソーナンスが突《つ》っ込《こ》む。

「ってことで」

「かえる!!」

掛《か》け声《ごえ》とともに、コジロウが手《て》に持《も》っていた発煙弾《はつえんだん》を投《な》げた。


「おじさんなんて大《だい》っ嫌《きら》い!!」

「リリィ、待《ま》て！」

カガチが走《はし》っていくリリィを追《お》いかけようとしたとき、リリィが突然《とつぜん》咳《せ》き込《こ》んで倒《たお》れた。

「リリィ！　大丈夫《だいじょうぶ》か!?」

カガチが駆《か》け寄《よ》ると、リリィはぐったりとしていた。

するとそのとき、研究所《けんきゅうじょ》から白《しろ》い煙《けむり》がもくもくとあふれ出《で》てきて、見《み》る見《み》るうちにパビリオンの中《なか》に広《ひろ》がっていった。

「火事《かじ》!?」「逃《に》げろー!!」

客席《きゃくせき》にいた人《ひと》たちは悲鳴《ひめい》を上《あ》げながら出口《でぐち》に向《む》かった。出口付近《でぐちふきん》にいたリサたちのところに逃《に》げまどう人々《ひとびと》が一気《いっき》に押《お》し寄《よ》せてきて、リサはイーブイを見失《みうしな》ってしまった。

「イーブイ!」

煙《けむり》が立《た》ち込《こ》める中《なか》、リサは人波《ひとなみ》にもまれながら、イーブイの姿《すがた》を捜《さが》した。

すると、煙《けむり》の奥《おく》からヒスイの声《こえ》が聞《き》こえた。

「泥棒《どろぼう》だ! 泥棒《どろぼう》が逃《に》げたぞ!!」

サトシが研究所《けんきゅうじょ》の方《ほう》を振《ふ》り返《かえ》ると、煙《けむり》の中《なか》からロケット団《だん》が飛《と》び出《だ》してくるのが見《み》えた。

「ロケット団《だん》!? 行《い》くぞ! ピカチュウ!」

「ピカ!」

サトシとピカチュウは、パビリオンから逃《に》げ出《だ》したロケット団《だん》を追《お》いかけた。

パビリオンに充満《じゅうまん》していた煙《けむり》が薄《うす》れると、リサは騒然《そうぜん》としている人々《ひとびと》の中《なか》に倒《たお》れているイーブイを見《み》つけた。

「イーブイ！」

倒《たお》れていたイーブイは、左後《ひだりうし》ろ足《あし》をケガしていた。小刻《こきざ》みに震《ふる》えて鳴《な》いている。

「やだ……どうしよう……しっかりして！　イーブイ！」

イーブイの前《まえ》で座《すわ》り込《こ》んでいるリサに気《き》づいたトリトが駆《か》け寄《よ》ってきた。遅《おく》れてヒスイとラルゴも駆《か》けつける。

「診《み》せて！」

トリトはイーブイの前《まえ》で屈《かが》むと、イーブイのケガした後《うし》ろ足《あし》にそっと触《ふ》れた。

「助《たす》かる……？」

「大丈夫《だいじょうぶ》だ。心配《しんぱい》いらない。――ラッキー！　《いやしのはどう》だ！」

「ラッキー」

ラッキーが放《はな》った《いやしのはどう》がイーブイを包《つつ》み込《こ》む。

「イーブイ……しっかり……イーブイ……」

イーブイに向《む》かってつぶやくリサの横《よこ》で、ヒスイは手袋《てぶくろ》をつけた右手《みぎて》をギュッと握《にぎ》った。

「待《ま》て！　ロケット団《だん》！」

ロケット団《だん》を追《お》いかけたサトシとピカチュウは、山《やま》へ向《む》かう道《みち》を走《はし》っていた。

「ピカチュウ！　《10まんボルト》だ！」

「ピーカーチュー――!!」

両頬《りょうほお》から電気《でんき》を発《はっ》したピカチュウが、ロケット団《だん》に向《む》けて《10まんボルト》を放《はな》つ。

「お願《ねが》い！　ソーナンス!!」

ムサシに言《い》われたソーナンスは《ミラーコート》を発動《はつどう》した。虹色《にじいろ》に輝《かがや》いたソーナンスの体《からだ》が《10まんボルト》を跳《は》ね返《かえ》し、ピカチュウの近《ちか》くに着弾《ちゃくだん》して爆発《ばくはつ》する。

爆煙《ばくえん》が薄《うす》れると、すでにロケット団《だん》の姿《すがた》は消《き》えていた。


リサ、トリト、ヒスイがポケモンセンターのロビーで待《ま》っていると、処置室《しょちしつ》からポケモンセンタースタッフのジョーイとハピナスがイーブイを連《つ》れて出《で》てきた。

イーブイの左後《ひだりうし》ろ足《あし》には包帯《ほうたい》が巻《ま》かれていた。

「もう大丈夫《だいじょうぶ》よ。処置《しょち》が早《はや》くて助《たす》かったわ。まだ足《あし》を少《すこ》し痛《いた》めているけど、安静《あんせい》にしてゆつくり休《やす》ませてあげて」

「ありがとうございます……」

イーブイを受《う》け取《と》ったリサは、包帯《ほうたい》が巻《ま》かれた左後《ひだりうし》ろ足《あし》を見《み》て、悲《かな》しげに顔《かお》を曇《くも》らせた。

そんなリサの背中《せなか》を、一緒《いっしょ》に待《ま》っていたヒスイが優《やさ》しくさする。

するとそこに、カガチとウソッキーがやってきた。

「リリィちゃんは？」

トリトがたずねる。

「今《いま》、医者《いしゃ》に診《み》てもらった。もともと体《からだ》が強《つよ》くないんだけど、ここ数日《すうじつ》の疲《つか》れが出《で》たみたいだ」

「……ごめんなさい。僕《ぼく》のせいだ」

頭《あたま》を下《さ》げるトリトに、カガチは「いや」と首《くび》を横《よこ》に振《ふ》った。

「オレが嘘《うそ》ばっかついてたから……」

みんなが黙《だま》ってしまい、ロビーに重苦《おもぐる》しい空気《くうき》が流《なが》れた。するとそこにサトシとピカチュウが現《あらわ》れた。

「どうでしたか？」

トリトが訊《き》くと、サトシは首《くび》を横《よこ》に振《ふ》った。

「すみません。見失《みうしな》っちゃいました……」

「ピカピカ？」

ピカチュウの声《こえ》で振《ふ》り向《む》いたサトシは、リサに抱《だ》っこされたイーブイに気《き》づいた。

「そのケガは？」

リサは「うん……」と抱《だ》いたイーブイを見《み》た。

「あの後《あと》、人混《ひとご》みにのまれちゃって……。でも今《いま》、ジョーイさんに診《み》てもらったから、大《だい》丈夫《じょうぶ》よ」

「そうか……ロケット団《だん》め……！」

サトシが怒《いか》りに歯噛《はが》みすると、トリトが被害状況《ひがいじょうきょう》を伝《つた》えた。

「なくなっていたのは、『ほうし』の薬剤《やくざい》でした……」

「ジュンサーさんには？」

「もう届《とど》けました。捜索《そうさく》を続《つづ》けてくれるそうです」

トリトが言《い》うと、ヒスイはみんなの顔《かお》を見《み》た。

「とにかくみんな疲《つか》れてるだろ？　帰《かえ》って休《やす》もう」

ヒスイに促《うなが》されてみんながそれぞれ帰路《きろ》につき、カガチとウソッキーはポケモンセンター内《ない》のホテルの部屋《へや》に戻《もど》った。

「リリィは？」

「寝《ね》てるわ」

ミアに言《い》われてベッドを見《み》ると、リリィは穏《おだ》やかな顔《かお》で眠《ねむ》っていた。その寝顔《ねがお》を見《み》て、カガチはホッと息《いき》をついた。

「明日《あした》、リリィを連《つ》れて帰《かえ》ろうと思《おも》う」

「悪《わる》いな……」

カガチはぼそりとつぶやくと、部屋《へや》を出《で》ていこうとした。

「どこに行《い》くのよ」

「オレはよぉ……もうリリィにあわせる顔《かお》がねぇよ。あいつを裏切《うらぎ》っちまって……」

カガチがドアを開《あ》けて出《で》ていくと、ウソッキーも後《あと》を追《お》った。

「……バカな人《ひと》」

ミアは小《ちい》さく息《いき》をつき、リリィが寝《ね》ているベッドを振《ふ》り返《かえ》った。

ホテルを出《で》たカガチは、行《い》く当《あ》てもなく街《まち》をさまよった。その後《うし》ろを、ウソッキーがヒヨコヒョコとついていく。

「ついてくんなよ！　どっか行《い》け！　別《べつ》にお前《まえ》はオレのポケモンってわけでもないんだから！」

カガチが突《つ》き放《はな》してても、ウソッキーは首《くび》を横《よこ》に振《ふ》ってめげずについてくる。カガチは歩《ある》きながら、ハァ……とため息《いき》をついた。

どうしてこんなことになっちまったんだ――自分《じぶん》の行《おこな》いを振《ふ》り返《かえ》ったカガチは、ゲットレースでウソッキーに言《い》った言葉《ことば》を思《おも》い出《だ》した。

『お前《まえ》、あんまり自分《じぶん》に嘘《うそ》つくなよ。癖《くせ》になるぞ…』

自分《じぶん》の胸《むね》がチクリと痛《いた》んだ。

あのときはウソッキーに言《い》ったつもりだったが、今《いま》となっては無意識《むいしき》のうちに自分《じぶん》に言《い》っていたとしか思《おも》えない。

「……お前《まえ》に言《い》ったこと、自分《じぶん》に返《かえ》ってきてりゃ世話《せわ》ねぇぜ」

カガチは忌々《いまいま》しそうにつぶやくと、ウソッキーを振《ふ》り返《かえ》った。

「オレはもう嘘《うそ》はやめる。ついてきても意味《いみ》ねぇよ。どこでも好《す》きなとこに行《い》け……」

カガチは再《ふたた》び歩《ある》き出《だ》した。ウソッキーがついていこうとすると、目《め》の前《まえ》をケーブルカーが横切《よこぎ》り、取《と》り残《のこ》されてしまった。

「ウッソー……」

ヒスイは自分《じぶん》の家《いえ》に向《む》かって歩《ある》いていた。一連《いちれん》の騒動《そうどう》で疲《つか》れたのか、その歩《ある》く姿《すがた》は心《こころ》なしか元気《げんき》がなくどこか寂《さび》しげで、ポケモンたちは心配《しんぱい》そうにヒスイの後《あと》をついていった。

すると、ヒスイは玄関《げんかん》の前《まえ》でクルリと振《ふ》り返《かえ》った。

「あんたたち、ついてくるなって何回《なんかい》言《い》えばいいんだい!?」

ポケモンたちはビックリして、互《たが》いに顔《かお》を見合《みあ》わせた。

ポケモンたちを見《み》るヒスイの顔《かお》が曇《くも》る。

「……あたしゃ、ごめんだよ。もう二度《にど》と……それならひとりでいいんだ……」

ヒスイは力《ちから》なくつぶやくと、ドアを開《あ》けて家《いえ》の中《なか》へ入《はい》っていった。

ポケモンセンター内《ない》のホテルの部屋《へや》に戻《もど》ったリサは、抱《だ》いていたイーブイをそっとベッ

ド に下《お》ろした。

ふかふかのベッドに安心《あんしん》したのか、しばらくするとイーブイは静《しず》かに寝息《ねいき》を立《た》て始《はじ》めた。

リサはイーブイの包帯《ほうたい》が巻《ま》かれた後《うし》ろ足《あし》に優《やさ》しく触《ふ》れた。

こんなケガをさせてしまって――リサは激《はげ》しく後悔《こうかい》した。

「あのとき走《はし》れてたら、守《まも》れたのかな……」

つぶやくリサの目《め》に涙《なみだ》が浮《う》かんでいた。


トリトのパビリオンで起《お》きた事件《じけん》の対応《たいおう》に追《お》われたオリバーは、夜遅《よるおそ》くにようやく家《いえ》に帰《かえ》ってきた。が、すぐに自分《じぶん》の書斎《しょさい》に入《はい》ってしまい、なかなか出《で》てこない。

寝巻《ねま》きに着替《きが》えたラルゴがそっと書斎《しょさい》を覗《のぞ》くと、オリバーが背《せ》を向《む》けて電話《でんわ》をしているところだった。

「……わかった。ご苦労《くろう》」

電話《でんわ》を切《き》ったオリバーが小《ちい》さく息《いき》をつくと、ラルゴは声《こえ》をかけた。

「お父様《とうさま》……明日《あした》の風祭《かぜまつ》りは？」

「たった今《いま》、開催《かいさい》することに決《き》まったよ。警備《けいび》を強化《きょうか》し、安全面《あんぜんめん》もクリアできそうだ」

「そっか……よかった」

ラルゴは小《ちい》さく微笑《ほほえ》んだ。けれど、その目《め》は不安《ふあん》げに揺《ゆ》れている。

「心配《しんぱい》せずにお休《やす》み。明日《あした》はルギアを呼《よ》ばなくては」

「うん。おやすみなさい」

「ああ」

自分《じぶん》の部屋《へや》に戻《もど》ったラルゴは、窓《まど》を開《あ》けてベランダに出《で》た。

手《て》すりに手《て》をかけて、キラキラと輝《かがや》く街並《まちな》みを眺《なが》める。

「…………」

そよ風《かぜ》に髪《かみ》が揺《ゆ》れてあらわになったラルゴの横顔《よこがお》は、何《なに》かを決心《けっしん》したように見《み》えた。


フウラシティの街中《まちなか》をさまよい歩《ある》いていたカガチは、ケーブルカーの駅《えき》に辿《たど》り着《つ》いた。

ちょうどケーブルカーが到着《とうちゃく》して、客《きゃく》たちが降《お》りてくる。カガチはケーブルカーに乗《の》らずに立《た》ちつくしていた。

やがて誰《だれ》もいなくなり、カガチはポケットからモンスターボールを取《と》り出《だ》した。

空《から》のモンスターボールを忌々《いまいま》しそうに見《み》つめると、ゴミ箱《ばこ》に向《む》かって投《な》げた。

モンスターボールは見事《みごと》にスポンとゴミ箱《ばこ》に入《はい》った。

サトシとピカチュウを振《ふ》り切《き》って山《やま》に辿《たど》り着《つ》いたロケット団《だん》は、みんなで輪《わ》になって作《さく》戦成功《せんせいこう》の祝杯《しゅくはい》をあげることにした。

ムサシが『ラムのみ』ジュースのコップを持《も》ち上《あ》げる。

「かんぱーい!!」

「ソーナンス！」

みんなでコップを合《あ》わせると、『ラムのみ』ジュースを飲《の》み干《ほ》した。コジロウが「く〜〜〜っ」と唸《うな》る。

「ささ、出《だ》して！」

ムサシが手《て》のひらを向《む》けると、コジロウは「え？」と目《め》を丸《まる》くした。

「ムサシが持《も》ってるんじゃないのか？」

「そのあとニャースに渡《わた》したわよね？」

ムサシとコジロウはニャースを見《み》た。

「いや、ニャーはもらってないニャ」

「渡《わた》したわよ！　ニャース！　って言《い》って後《うし》ろにパスしたじゃない！」

「ニャーはずっとムサシの前《まえ》を走《はし》っていたニャ」

ムサシとコジロウは顔《かお》を見合《みあ》わせた。

「ってことは、まさか……」

「ソソソ……」

コジロウとソーナンスが青《あお》ざめる。

「あたし、じゃあ誰《だれ》にパスしたの？」

「怖《こわ》──っ」

「やだやだやだ！　ゴーストタイプ的《てき》な話《はなし》!?」

怖《こわ》がるロケット団《だん》の背後《はいご》で、コラッタが草《くさ》むらから顔《かお》を出《だ》した。ロケット団《だん》を見《み》てビックリして走《はし》り出《だ》す。

山《やま》を下《くだ》っていくと、見慣《みな》れない物《もの》が落《お》ちていた。

それは、『ほうし』の薬剤《やくざい》だった。

コラッタは足《あし》を止《と》めてチラリと見《み》ると、興味《きょうみ》なさげに走《はし》り去《さ》っていった。

6

風祭《かざまつ》り最終日《さいしゅうび》。

海上《かいじょう》に朝日《あさひ》が昇《のぼ》り、フウラシティはいつもの穏《おだ》やかな朝《あさ》を迎《むか》えた。

街《まち》の中《なか》にそびえ立《た》つ幾《いく》つもの風車《ふうしゃ》は、風《かぜ》を受《う》けてその大《おお》きな羽《はね》を回《まわ》している。けれど、その回転《かいてん》が普段《ふだん》よりずいぶんと遅《おそ》い。


ベッドから起《お》きたヒスイは、カーテンを開《あ》けて外《そと》を見《み》た。外《そと》のベンチでは、ポケモンたちが眠《ねむ》っている。

「!?」

何《なに》かに気《き》づいたヒスイは、家《いえ》から飛《と》び出《だ》した。その音《おと》で、ポケモンたちが目《め》を覚《さ》ます。

玄関《げんかん》に出《で》てきたヒスイは、街《まち》の風車《ふうしゃ》を見上《みあ》げた。

「一体《いったい》どうなってんだい？　初《はじ》めて見《み》るよ……」

ピンポーン。

ホテルの部屋《へや》でサトシと寝《ね》ていたピカチュウは、インターホンの音《おと》で目《め》を覚《さ》ました。

「ピカピ」

ピカチュウはまだ眠《ねむ》っているサトシの頬《ほお》を叩《たた》いて起《お》こした。

「ムニャムニャ……」

サトシが寝《ね》ぼけ眼《まなこ》をこすりながらドアを開《あ》けると、リサが立《た》っていた。

「ねぇ、なんか外《そと》が騒《さわ》がしいんだけど」

「え？」

サトシは急《いそ》いで着替《きが》えて、リサと一緒《いっしょ》にポケモンセンターの外《そと》へ出《で》た。

すると外《そと》には人《ひと》だかりができていて、風車《ふうしゃ》を見《み》ていた。

「サトシ、あれ……」

リサが指差《ゆびさ》した風車《ふうしゃ》を見《み》ると——回《まわ》る羽《はね》に勢《いきお》いがなく、今《いま》にも止《と》まってしまいそうだ。

「風車《ふうしゃ》が……」

サトシが驚《おどろ》いて見《み》ていると、そばにいた人《ひと》たちの会話《かいわ》が聞《き》こえてきた。

「風《かぜ》が弱《よわ》まってきてるのは、聖火《せいか》がなくなったからなんだってさ！」

「なくなったって、丸《まる》ごと？」

「ああ……それって風祭《かぜまつ》りどころじゃないよな？」

サトシは聖火台《せいかだい》がある山《やま》の方《ほう》を見《み》た。

「聖火《せいか》が……？」

「ピカピカ！」

行《い》ってみよう！　とピカチュウが声《こえ》をかける。

「ああ！」

サトシたちがいきなり走《はし》り出《だ》して、リサは「え!?」と目《め》を丸《まる》くした。

「ちょっと待《ま》ってよ〜!!」

追《お》いかけたいが走《はし》れない——リサは仕方《しかた》なくサトシたちが進《すす》む方《ほう》へ歩《ある》き出《だ》した。


トリトのパビリオンでは、朝《あさ》から研究員全員《けんきゅういんぜんいん》で煤《すす》まみれになった室内《しつない》を掃除《そうじ》していた。

「つたく、なんでオレらがこんなこと……」

「誰《だれ》のせいで発表《はっぴょう》も失敗《しっぱい》したと思《おも》ってんのよ」

「聞《き》こえるぞ」

「あいつと共同《きょうどう》で発表《はっぴょう》するってこと自体《じたい》、よせばよかったんだ」

「お前《まえ》、それ最初《さいしょ》に言《い》えよ」

研究員《けんきゅういん》たちはトリトが聞《き》いていることに気《き》づいていないようで、それぞれが抱《かか》えていた不満《ふまん》を垂《た》れ始《はじ》めた。

トリトはいたたまれなくなって、こっそりとパビリオンを出《で》た。ラッキーも心配《しんぱい》で後《あと》をついていく。

トリトが出《で》ていった後《あと》も、研究員《けんきゅういん》たちの愚痴《ぐち》は続《つづ》いた。すると、それまで黙《だま》って聞《き》いていた研究員《けんきゅういん》の一人《ひとり》が「そのくらいにしろよ」と言《い》った。

「トリトは、ここにいる誰《だれ》よりもポケモンのことを考《かんが》えてるよ。トリトよりポケモンが好《す》きなヤツは？　ポケモンに詳《くわ》しいヤツは？　この中《なか》にいるか？」

それまでトリトへの不満《ふまん》を並《なら》び立《た》てていた研究員《けんきゅういん》たちは、一斉《いっせい》に黙《だま》ってしまった。

「ポケモン研究者《けんきゅうしゃ》として一番大切《いちばんたいせつ》なものを、彼《かれ》は持《も》っていると思《おも》う。オレたちの誰《だれ》よりも、ね……」

そんなやり取《と》りがあったことを知《し》らないトリトは、パビリオンの裏《うら》でひざを抱《かか》えて座《すわ》り込《こ》み、その横《よこ》でラッキーが見守《みまも》るように静《しず》かに座《すわ》っていた。

ケーブルカーの駅《えき》のベンチで一晩明《ひとばんあ》かしたカガチは、ざわめき声《ごえ》で目《め》を覚《さ》ました。

いつの間《ま》にかケーブルカーが発車《はっしゃ》する時刻《じこく》になっていたようで、人気《ひとけ》のなかった駅《えき》にはたくさんの人《ひと》が集《あつ》まっていた。

なぜかみんな不安《ふあん》そうな顔《かお》で、同《おな》じ方向《ほうこう》を見上《みあ》げている。

「風《かぜ》が止《と》まるなんて……」

「何《なに》が起《お》きてるんだ？」

なんのことだ――不思議《ふしぎ》に思《おも》ったカガチは、みんなが見《み》ている方《ほう》を振《ふ》り仰《あお》いだ。

すると、昨日《きのう》までぐるぐると回《まわ》っていた風車《ふうしゃ》の羽《はね》が、今《いま》にも止《と》まりそうになっていた。

ホテルをチェックアウトしたミアとリリィは、ロープウェイの駅《えき》にいた。

乗車券《じょうしゃけん》を買《か》い、乗《の》り場《ば》の列《れつ》に並《なら》ぶ。

「リリィ、体《からだ》は？　大丈夫《だいじょうぶ》？」

「うん……おじさんは？」

手《て》をつないだリリィに訊《き》かれて、ミアは顔《かお》を曇《くも》らせた。

「先《さき》に帰《かえ》るって……」

そっか、とリリィはうつむいた。

「あたし、おじさんにひどいこと言《い》っちゃった……」

「リリィ……」

胸《むね》が痛《いた》んだミアは、バッグからピッピ人形《にんぎょう》を取《と》り出《だ》して屈《かが》むと、リリィの目《め》の前《まえ》でピッピ人形《にんぎょう》を動《うご》かした。

「大丈夫《だいじょうぶ》だよ。元気出《げんきだ》して！　おじさんは気《き》にしてないよ！」

リリィの顔《かお》がほんの少《すこ》しだけ明《あか》るくなった。

サトシとピカチュウ、そしてリサが聖火台《せいかだい》のある山《やま》の麓《ふもと》に行《い》くと、オリバー市長《しちょう》をはじめ運営《うんえい》スタッフや市民《しみん》が集《あつ》まっていた。ヒスイとポケモンたちもいる。

「市長《しちょう》！」

サトシたちはオリバーのところに駆《か》け寄《よ》った。

「聖火《せいか》がなくなったって……」

オリバーは険《けわ》しい顔《かお》で「はい」と答《こた》えた。

「そのせいで風《かぜ》が？」

「ルギアは聖火《せいか》を目印《めじるし》に風《かぜ》を送《おく》っています。ですが今《いま》は……」

「ルギアがどこに風《かぜ》を送《おく》ればいいのか、わからなくなってる？」

リサがたずねると、オリバーは「はい……」とうなずいた。

サトシとリサが顔《かお》を見合《みあ》わせる。すると、そばにいたヒスイが口《くち》を開《ひら》いた。

「最終日《さいしゅうび》が終《お》わるまで……つまり、明日《あした》の夜明《よあ》けまでに聖火《せいか》がないと……」

「やがて、この街《まち》の電力《でんりょく》は底《そこ》を突《つ》きます」

オリバーの言葉《ことば》に、リサは「そんな……」と目《め》を丸《まる》くした。

サトシは聖火《せいか》がなくなった聖火台《せいかだい》を見上《みあ》げた。

「近《ちか》くで見《み》てきてもいいですか？」

「はい……」

オリバーから許可《きょか》を得《え》たサトシは、聖火台《せいかだい》に向《む》かった。

聖火台《せいかだい》は高《たか》い塔《とう》のような形《かたち》をしていて、サトシとピカチュウ、そしてイーブイを抱《だ》いたリサは昇降機《しょうこうき》で昇《のぼ》っていった。

「きゃあぁ〜〜〜あたし、高《たか》いところ苦手《にがて》なんですけど……!!」

聖火台《せいかだい》の頂上《ちょうじょう》に上《あ》がると、中央《ちゅうおう》に聖火《せいか》を置《お》く台座《だいざ》があった。

「ピカ！」

サトシが聖火台《せいかだい》から下《した》を覗《のぞ》いていると、周囲《しゅうい》の匂《にお》いを嗅《か》いでいたピカチュウが叫《さけ》んだ。

「どうしたんだ、ピカチュウ？」

ピカチュウとイーブイは同《おな》じ場所《ばしょ》を嗅《か》いでいて、何《なに》かに気《き》づいたようにハッと顔《かお》を上《あ》げたかと思《おも》うと、ピカチュウが昇降機《しょうこうき》に向《む》かって走《はし》り出《だ》した。

「何《なに》かわかったんだな!?」

「降《お》りるの〜〜〜!?」

四《よ》つんばいになってようやくサトシのところまで来《き》たリサは、ガクリとうなだれた。


その頃《ころ》。立《た》ち入《い》り禁止《きんし》になっている山《やま》に、ふたりのポケモンハンターがいた。

ポケモンを見《み》つけては次々《つぎつぎ》とネットで捕獲《ほかく》している。

オタチをゲットしたポケモンハンターは、ニヤリと笑《わら》った。

「いいねー。活《い》きがいい！」

「どいつもこいつも高《たか》く売《う》れそうだ」

「手付《てつ》かずの自然《しぜん》に生《い》き生《い》きとしたポケモン……ハントしがいがある」

ポケモンハンターたちはそう言《い》って、さらに山《やま》を登《のぼ》っていった。


トリトがパビリオンの外《そと》で座《すわ》り込《こ》んでいると、ピカチュウが走《はし》ってやってきた。

「あの……ピカチュウ？」

ピカチュウはトリトのそばにいたドーブルの尻尾《しっぽ》の匂《にお》いをクンクンと嗅《か》いだ。すると、遅《おく》れてサトシとイーブイを抱《かか》えたリサがやってきた。

「ピカチュウ！」

「まさか聖火《せいか》を盗《ぬす》んだ犯人《はんにん》って……ドーブルなの？」

リサがたずねると、ピカチュウは「ピカピカ」と首《くび》を横《よこ》に振《ふ》った。

トリトはなんのことだかさっぱりわからなかった。

「聖火《せいか》って……？」

「盗《ぬす》まれちゃったんです。ピカチュウが匂《にお》いを頼《たよ》りにここまで来《き》たんですけど」

「そしたらドーブルに……」

ない。

「ドーブルの匂《にお》い……」

トリトは顎《あご》に手《て》を当《あ》てて考《かんが》え始《はじ》めた。

聖火台《せいかだい》にドーブルの匂《にお》いが残《のこ》っていた。けれど、ドーブルがそんなところに行《い》くわけがない。

「……ドーブルのインクかい？」

ドーブルの匂《にお》い——トリトはハッとした。

「ピカピカ！」

ピカチュウがうなずく。

トリトは風祭《かざまつ》り初日《しょにち》の夜《よる》のことを思《おも》い出《だ》した。

「もしかして……あのときは滑《すべ》って落《お》ちたんだと思《おも》ったんだけど……」

ゲットレースに参加《さんか》したヒトデマンの体《からだ》を拭《ふ》いていたとき、研究所《けんきゅうじょ》の方《ほう》から何《なに》かが割《わ》れる音《おと》がして、行《い》ってみるとドーブルインクの薬剤《やくざい》が入《はい》っていたフラスコが床《ゆか》に落《お》ちて割《わ》れていたのだ。

「まさか……誰《だれ》かが？」

サトシの問《と》いに、トリトは首《くび》を横《よこ》に振《ふ》った。

「わからないけど、もしそうだとしたら……」

サトシたちに連《つ》れられて聖火台《せいかだい》がある山《やま》の麓《ふもと》にやってきたトリトは、オリバーやヒスイたちにドーブルの薬剤《やくざい》について説明《せつめい》した。

「ドーブルはインクを縄張《なわば》りを示《しめ》すのに使《つか》っています。それをマーキングとして、より実用的《じつようてき》に改良《かいりょう》した薬剤《やくざい》は、透明《とうめい》なんです。それをもう一度《いちど》視覚化《しかくか》するには、このライトを使《つか》います」

トリトが持《も》っていたライトをかざすと――聖火台《せいかだい》のそばの地面《じめん》にドーブルのインクがついた足跡《あしあと》が浮《う》かび上《あ》がった。

「ビンゴですね」

「すごい……」

オリバーが思《おも》わずつぶやく。

「ピカチュウ！　お手柄《てがら》だ！」

サトシの言葉《ことば》に、ピカチュウは「ピカピカ」と得意《とくい》げな顔《かお》をした。

「これをたどれば犯人《はんにん》に導《みちび》いてくれるはずです」

「行《い》きましょう！」

「うん！」

一同《いちどう》はライトを持《も》つトリトを先頭《せんとう》に足跡《あしあと》を辿《たど》っていった。

裏山《うらやま》にある廃《すた》れた建物《たてもの》の前《まえ》で、ラルゴは壁《かべ》を背《せ》にして座《すわ》っていた。そばにはヒメグマとメタモンがいて、うつむいているラルゴの顔《かお》を心配《しんぱい》そうに覗《のぞ》き込《こ》んでいる。

「もう中止《ちゅうし》になったかな……？」

ラルゴは自分《じぶん》の横《よこ》に置《お》いた聖火《せいか》をチラリと見《み》ると、壁《かべ》の向《む》こうに潜《ひそ》んでいるポケモンに話《はな》しかけた。

「大丈夫《だいじょうぶ》よ……今度《こんど》はわたしが守《まも》るから……」

木《き》で覆《おお》われた廃墟《はいきょ》に光《ひかり》が差《さ》して、潜《ひそ》んでいるポケモンを照《て》らした。

壁《かべ》の奥《おく》にいたのは、〈じんらいポケモン〉のゼラオラだった。黄色《きいろ》い毛《け》で覆《おお》われた体《からだ》はあちこち傷《きず》ついている。

「!!」

ゼラオラの青《あお》い瞳《ひとみ》が鋭《するど》く光《ひか》った。森《もり》の奥《おく》から何《なに》かが来《く》る気配《けはい》に気《き》づいたのだ。

ラルゴもそれに気《き》づき、すばやく物陰《ものかげ》に隠《かく》れた。

ヒメグマとメタモンがラルゴの後《うし》ろに隠《かく》れた瞬間《しゅんかん》、茂《しげ》みからポケモンハンターが現《あらわ》れた。

廃墟《はいきょ》を見《み》つけたポケモンハンターたちは、珍《めずら》しそうに近《ちか》づいてきた。

「へぇー、フウラシティにこんなところがあったんだな」

「さっさとレアポケモン探《さが》そうぜ。動画《どうが》を見《み》て狙《ねら》ってるヤツが続々《ぞくぞく》と来《く》るぞ」

「ああ」

ポケモンハンターたちはそう言《い》うと、廃墟《はいきょ》の周《まわ》りを歩《ある》き出《だ》した。

(あの人《ひと》たち……ゼラオラを……!)

このままでは、ゼラオラが見《み》つかってしまう——そう思《おも》ったラルゴは、意《い》を決《けっ》して物陰《ものかげ》から飛《と》び出《だ》した。

「あれ? お兄《にい》さんたち、どうしたんですか?」

と、平静《へいせい》な顔《かお》で話《はな》しかける。

「お嬢《じょう》ちゃん、フウラシティの子《こ》?」

「この辺《あた》りで珍《めずら》しいポケモン見《み》なかったかな?」

ラルゴが「見《み》たわ!」と言《い》うと、ポケモンハンターたちは身《み》を乗《の》り出《だ》した。

「本当《ほんとう》か⁉」「どこだ⁉」

ラルゴは「あ、あっち！」と適当《てきとう》な方向《ほうこう》を指差《ゆびさ》した。

「あんなの見《み》たことないもん！」

「ありがとな、お嬢《じょう》ちゃん」

「いいえ、どういたしまして」

ポケモンハンターたちが立《た》ち去《さ》ろうとしたとき、物陰《ものかげ》からヒメグマが出《で》てきた。うっかり落《お》とした小石《こいし》を追《お》いかけて出《で》てきてしまったのだ。

「なんだ？」

「ヒメグマにメタモンか……」

ポケモンハンターは物陰《ものかげ》にいたメタモンも見《み》つけた。

「ダメ！」

ラルゴは慌《あわ》ててヒメグマの元《もと》に走《はし》った。

「は、早《はや》くしないとレアポケモン逃《に》げちゃうよ！　いいの⁉」

ラルゴが言《い》うと、ポケモンハンターたちはニヤリと笑《わら》った。

「そいつらもいただいていこう！　出《で》てこい、ヘルガー‼」

「行《い》くぞ、ニューラ!!」

ポケモンハンターたちが投《な》げたモンスターボールから、ヘルガーとニューラが飛《と》び出《だ》した。

「ヘルガー、《かえんほうしゃ》!!」

「ニューラ、《こごえるかぜ》!!」

ヘルガーとニューラは同時《どうじ》にわざを出《だ》した。激《はげ》しい炎《ほのお》と凍《い》てつく冷気《れいき》がヒメグマとメタモンに迫《せま》り、ラルゴはとっさにヒメグマたちに覆《おお》いかぶさった。

するとそのとき――ラルゴたちの前《まえ》を閃光《せんこう》が走《はし》った。

ヘルガーたちのわざとぶつかり合《あ》い、激《はげ》しい爆発《ばくはつ》が起《お》こる。

「!?」

爆煙《ばくえん》が薄《うす》れ、ラルゴたちの前《まえ》に立《た》っていたのは――電気《でんき》をまとったゼラオラだった。

強靭《きょうじん》な腕《うで》を広《ひろ》げて身構《みがま》えたゼラオラは、鋭《するど》い咆哮《ほうこう》を上《あ》げた。

「ダメよ、ゼラオラ……隠《かく》れて!」

警戒《けいかい》するヘルガーとニューラの後《うし》ろにいたポケモンハンターたちは、ゼラオラを見《み》て目《め》を丸《まる》くした。

「おいおい。見《み》たことないぞ、このポケモン……」

「レアポケモンだ！」

ニヤリと笑《わら》うポケモンハンターたちを、ゼラオラは鋭《するど》い目《め》でにらみつけた。

「ヘルガー、《ほのおのキバ》!!」

「ニューラ、《きりさく》!!」

ヘルガーとニューラはそれぞれのわざを発動《はつどう》し、ゼラオラに飛《と》びかかった。すると、ゼラオラは両手両足《りょうてりょうあし》の肉球《にくきゅう》から大電流《だいでんりゅう》を発《はっ》して、空中《くうちゅう》を高速《こうそく》で移動《いどう》した。ヘルガーの後《うし》ろを取《と》って《インファイト》で吹《ふ》っ飛《と》ばし、さらにニューラに《かみなりパンチ》を食《く》らわす。

地面《じめん》に着地《ちゃくち》したゼラオラは、ハァハァと荒《あら》い息《いき》をして、ガクリと膝《ひざ》をついた。

顔《かお》をゆがめて肩《かた》を押《お》さえている。ケガをしたところが痛《いた》むのだ。

「ゼラオラ、無理《むり》しちゃダメよ！　あなたはまだケガしてるのよ!?」

ポケモンハンターたちは、ゼラオラのスピードに驚《おどろ》いた。

「速《はや》いな……」

「しかし相手《あいて》は手負《てお》いみたいだぜ」

「ああ、チャンスを逃《のが》すな。――ニューラ、《こおりのつぶて》!!」

ニューラは氷《こおり》の塊《かたまり》を一瞬《いっしゅん》で作《つく》り、ゼラオラに向《む》けて放《はな》った。

「ガルルウ───ヴ!!」

ゼラオラは電磁《でんじ》をまとった両手《りょうて》で氷《こおり》の塊《かたまり》を受《う》け、投《な》げ飛《と》ばした。が、体勢《たいせい》が崩《くず》れて膝《ひざ》をつく。

「たたみかけろ！　ヘルガー、《かえんほうしゃ》!!」

ヘルガーは大《おお》きな口《くち》を開《あ》け、真《ま》っ赤《か》な炎《ほのお》を吐《は》き出《だ》した。

ゼラオラはとっさにそばにいるヒメグマたちを見《み》た。このままではヒメグマたちも炎《ほのお》に巻《ま》き込《こ》まれる──。

ゼラオラは体《からだ》を張《は》って止《と》めようと、前《まえ》に出《で》た。

激《はげ》しく渦《うず》を巻《ま》いた炎《ほのお》がゼラオラに直撃《ちょくげき》して、すさまじい爆発《ばくはつ》が起《お》きる──!

「ゼラオラ!!」

爆煙《ばくえん》が薄《うす》れると、ゼラオラが倒《たお》れていた。駆《か》け寄《よ》ったラルゴがゼラオラの体《からだ》を揺《ゆ》する。

「ゼラオラ、しっかり！　ゼラオラ、捕《つか》まっちゃうよ……!!」

ポケモンハンターはネット発射装置《はっしゃそうち》を構《かま》えながら、ゼラオラたちに近《ちか》づいた。ラルゴがゼラオラをかばうように立《た》ちはだかる。

「さあ、終《お》わりにしよう」

ネットが発射《はっしゃ》されて、ラルゴは思《おも》わず目《め》をつぶった。

すると、シュバッと鋭《するど》い音《おと》がして、足元《あしもと》に何《なに》かが落《お》ちた。それはネットの切《き》れ端《はし》だった。

顔《かお》を上《あ》げると——自分《じぶん》たちの前《まえ》にサトシとピカチュウが立《た》っていた。ピカチュウが《アイアンテール》でネットを切《き》ったのだ。

「ケガはないか、ラルゴ。ひとりでよく頑張《がんば》ったな！」

周《まわ》りを見《み》ると、そこにはオリバー、ヒスイ、リサ、トリト、そして彼《かれ》らのポケモンたちがいた。

「サトシ……お父様《とうさま》、みんな……」

オリバーはポケモンハンターに険《けわ》しい目《め》を向《む》けた。

「私《わたし》はフウラシティの市長《しちょう》だ。君《きみ》たちの行動《こうどう》いかんによっては、法的措置《ほうてきそち》を取《と》る！」

「……まずいな」

「いったん引《ひ》こう」

ポケモンハンターはヘルガーとニューラをモンスターボールで回収《かいしゅう》すると、足早《あしばや》に立《た》ち去《さ》っていった。

「ちょっと！」

追《お》いかけようとするリサを、ヒスイが止《と》めた。

「深追《ふかお》いは禁物《きんもつ》じゃ。それより……」

と、ラルゴとゼラオラを振《ふ》り返《かえ》る。トリトは持《も》っていたライトでラルゴの足元《あしもと》を照《て》らした。すると、ラルゴの靴《くつ》が光《ひか》った。ドーブルの薬剤《やくざい》が付着《ふちゃく》しているのだ。

オリバーが、まさかという目《め》で見《み》ると、ラルゴはゼラオラをかばうように両手《りょうて》を広《ひろ》げた。

「お父様《とうさま》……ゼラオラは悪《わる》くないの。全部《ぜんぶ》わたしがやったことなの……」

リサはそばにいたヒスイに小声《こごえ》で訊《き》いた。

「あいつがゼラオラ？」

「ああ……」

「言《い》い伝《つた》えじゃ死《し》んだって……」

風祭《かざまつ》り会場《かいじょう》を掃除《そうじ》していたとき、子《こ》どもたちがゼラオラは五十年前《ごじゅうねんまえ》の山火事《やまかじ》で死《し》んだと言《い》っていた。そして、死《し》んだゼラオラが山《やま》に呪《のろ》いをかけたと——。

「でも、実際《じっさい》にここにいる……」

トリトはそう言《い》うと、廃墟《はいきょ》の方《ほう》へ歩《ある》いていった。そして、岩《いわ》の隙間《すきま》に盗《ぬす》まれた聖火《せいか》を見《み》つける。

「これですね……」

オリバーは険《けわ》しい顔《かお》つきをして、額《ひたい》に手《て》を当《あ》てた。

「お前《まえ》がやったことがどんなに大変《たいへん》なことか、わかっているのか？」

ラルゴはうつむいたまま、答《こた》えなかった。

「ラルゴ……」

オリバーがラルゴに一歩《いっぽ》近《ちか》づく。すると、ラルゴが重《おも》い口《くち》を開《ひら》いた。

「……初《はじ》めてゼラオラに会《あ》ったのは、少《すこ》し前《まえ》で……山《やま》の麓《ふもと》でポケモンたちと遊《あそ》んでたの」

ラルゴはゼラオラと出会《であ》った日《ひ》のことを思《おも》い返《かえ》しながら、ぽつりぽつりと話《はな》し出《だ》した。

「そのとき、岩《いわ》が落《お》ちてきて……みんな潰《つぶ》されててもおかしくなかったわ。でも、ゼラオラがわたしやこの子《こ》たちを守《まも》ってくれたの……」

そう言《い》って、近《ちか》くにいるメタモンとヒメグマを振《ふ》り返《かえ》る。

「でもそのとき、ゼラオラがケガをして動《うご》けなくなっちゃったみたいで……。わたしのせいでケガしちゃったんだもの。面倒見《めんどうみ》てあげなきゃって……。街《まち》のみんなはこの子《こ》のこと、怖《こわ》がってる。だからわたしだけでも、この子《こ》の味方《みかた》で、ケガが治《なお》るまでお世話《せわ》してあげようって。でも、レアポケモンがいるって知《し》ってる人《ひと》がいて……」

リサは思《おも》わず「あ！」と声《こえ》を上《あ》げた。カガチのことだ。

ゲットレースの優勝《ゆうしょう》インタビューで、フウラシティに超《ちょう》レアポケモンがいるとデタラメを言《い》っていたのだ。

ラルゴはいつの間《ま》にか涙《なみだ》ぐんでいた。

「このままじゃ、みんなゼラオラを捕《つか》まえに来《き》ちゃうって……だから、風祭《かぜまつ》りを中止《ちゅうし》にしちゃえばいいんじゃないかって思《おも》ったの。聖火《せいか》を取《と》れば大変《たいへん》なことになるってわかってたわ。中止《ちゅうし》になったら戻《もど》す……返《かえ》すつもりだったの。ごめんなさい。本当《ほんとう》にごめんなさい……」

頭《あたま》を下《さ》げるラルゴに一同《いちどう》は何《なに》も言《い》えず、いたたまれない空気《くうき》が流《なが》れた。

オリバーが言《い》ったとおり、ラルゴがしたことは多《おお》くの人《ひと》に迷惑《めいわく》をかけ、一歩《いっぽ》間違《まちが》えれば街《まち》に甚大《じんだい》な被害《ひがい》を与《あた》えかねない。

けれど、ラルゴの気持《きも》ちを思《おも》うと、一同《いちどう》は安易《あんい》にラルゴを責《せ》めることはできなかった。

とりわけ、オリバーとヒスイは――。

「ラルゴ……よくゼラオラを守《まも》ってくれたね」

思《おも》いがけないオリバーの言葉《ことば》に、ラルゴは目《め》を見張《みは》った。

「ラルゴに話《はな》さなきゃいけないことがある。ゼラオラの真実《しんじつ》についてだ……」

驚《おどろ》いているラルゴたちに向《む》けて、オリバーはおもむろに口《くち》を開《ひら》いた。

「ゼラオラは昔《むかし》からこの土地《とち》に住《す》んでいた。この土地《とち》の主《あるじ》として、ポケモンたちから慕《した》われ、仲良《なかよ》く暮《く》らしていたんだ……。我々人間《われわれにんげん》はというと、そのポケモンたちの住《す》み家《か》である、森《もり》を切《き》り開《ひら》き、豊《ゆた》かな生活《せいかつ》を求《もと》めた。しかし、それが原因《げんいん》で事件《じけん》が……五十年前《ごじゅうねんまえ》の山《やま》火事《かじ》だ」

「そんな……」

ラルゴは耳《みみ》を疑《うたが》った。まさか人間《にんげん》のせいで山火事《やまかじ》が起《お》きたとは思《おも》いもしなかったからだ。

「森《もり》は火《ひ》の海《うみ》。人間《にんげん》は、野生《やせい》のポケモンたちのことまで考《かんが》えが回《まわ》らなかった。みんなパニックだった……。しかし、ゼラオラだけは取《と》り残《のこ》されたポケモンたちを見捨《みす》てなかった。それ以来《いらい》、ゼラオラは人間《にんげん》たちを深《ふか》く恨《うら》むようになっていった……」

そこまで言《い》うと、オリバーは顔《かお》をうつむかせた。ラルゴは倒《たお》れているゼラオラを見《み》た。

「だからあんなに……」

ラルゴが食料《しょくりょう》を持《も》ってきても、唸《うな》り声《ごえ》を上《あ》げて廃墟《はいきょ》から出《で》てこなかったのは、人間《にんげん》を拒《きょ》絶《ぜっ》していたからだったのだ。

「……人間《にんげん》はさらにゼラオラの信頼《しんらい》を失《うしな》っていった。ゼラオラは、森《もり》でポケモンたちと暮《く》らしていたかったのに、大勢《おおぜい》のトレーナーがゲットしようと集《あつ》まってきたんだ」

人間《にんげん》に不信感《ふしんかん》を抱《いだ》いていたゼラオラは、自分《じぶん》を捕《つか》まえようと集《あつ》まってきたトレーナーたちと直接攻撃《ちょくせつこうげき》して、全員《ぜんいん》を倒《たお》してしまった。

「先代《せんだい》の市長《しちょう》は償《つぐな》いの意《い》を込《こ》め、街《まち》をあげて嘘《うそ》をつくことを決《き》めた。〝ゼラオラは死《し》に、ゼラオラの呪《のろ》いのかかった山《やま》は入《はい》ることを固《かた》く禁《きん》ずる〟　それがゼラオラを守《まも》るために、我々《われわれ》が出来《でき》る唯一《ゆいいつ》のことだったのだ……」

「そんなことが……」

サトシたちはただただ驚《おどろ》くばかりだった。目《め》を伏《ふ》せていたヒスイがぽつりとつぶやく。

「本当《ほんとう》の話《はなし》を知《し》っている市民《しみん》は、もう少《すく》ないだろうけどね。特《とく》に若《わか》い子《こ》は……」

真実《しんじつ》を知《し》ったラルゴと目《め》を合《あ》わせたオリバーは、悲《かな》しげに微笑《ほほえ》んだ。

「これがゼラオラの真実《しんじつ》だ……」

街外《まちはず》れの丘《おか》に『ほうし』の薬剤《やくざい》が入《はい》ったカプセルが落《お》ちていた。

ロケット団《だん》が落《お》としたものだ。野生《やせい》ポケモンたちが突《つ》いたのか、ところどころ傷《きず》ついてヒビが入《はい》っている。
すると突然《とつぜん》――カプセルがピシッと割《わ》れて爆発《ばくはつ》した。

ドオン！　遠《とお》くで何《なに》かが爆発《ばくはつ》する音《おと》がした。

「なんだ⁉」

不審《ふしん》に思《おも》ったサトシたちは、フウラシティが見渡《みわた》せる場所《ばしょ》に移動《いどう》した。すると、山《やま》の方《ほう》から見《み》たこともないような色《いろ》の煙《けむり》が広《ひろ》がっていくのが見《み》えた。

「煙《けむり》……？」

「風祭《かざまつ》りの何《なに》かですか？」

リサの問《と》いに、オリバーは「いや……」と首《くび》を傾《かし》げた。ふと、そばに立《た》っているトリトを見《み》ると、青《あお》ざめた顔《かお》で冷《ひ》や汗《あせ》を垂《た》らしている。

カガチが乗《の》っていたケーブルカーが、突然急《とつぜんきゅう》ブレーキをかけて停《と》まった。何気《なにげ》なく窓《まど》の外《そと》に目《め》を向《む》けると――山《やま》の方《ほう》から煙《けむり》が迫《せま》ってきているのが見《み》えた。

「……なんだありゃ？」

それは今《いま》まで見《み》たことのないような色《いろ》の煙《けむり》だった。


「まさか……そんなわけ……」

トリトは青《あお》ざめた顔《かお》で、ぶつぶつと何《なに》かをつぶやいていた。

「ねえ、何《なに》か知《し》ってんの？」

リサが怪訝《けげん》そうにたずねる。

顔《かお》を上《あ》げたトリトの目《め》に、空《そら》を飛《と》ぶポッポたちの姿《すがた》が映《うつ》った。しだいに羽《は》ばたく力《ちから》が弱《よわ》くなり、どんどん降下《こうか》したかと思《おも》うと、地面《じめん》に落《お》ちた。

「!!」

トリトとラッキーは慌《あわ》ててポッポたちに駆《か》け寄《よ》った。サトシたちも驚《おどろ》いて近《ちか》づいていく。

ポッポたちを診察《しんさつ》したトリトの顔色《かおいろ》は、ますます悪《わる》くなっていった。

「あの煙《けむり》の色《いろ》……この症状《しょうじょう》……『ほうし』の薬剤《やくざい》の可能性《かのうせい》がある……」

「ロケット団《だん》が盗《ぬす》んだ？」

サトシがたずねると、トリトは「ああ」とうなずいた。

「ラッキー、《アロマセラピー》を頼《たの》む！」

「ラッキー」

任《まか》せて、とラッキーはポケモンたちに《アロマセラピー》をかけた。

「その『ほうし』の薬剤《やくざい》とは、どんな？」

オリバーがたずねると、トリトは重《おも》い口《くち》を開《ひら》いた。

「まだ研究《けんきゅう》の段階《だんかい》だったんですが……ポケモンの特性《とくせい》『ほうし』を高濃度《こうのうど》でカプセルに入《い》れていたんです」

「それとこの子《こ》たちと関係《かんけい》が？」

リサの問《と》いに、トリトの顔《かお》がこわばった。

「『ほうし』は吸《す》うとどくに侵《おか》され、しびれて体《からだ》が動《うご》かなくなるんです……」

一同《いちどう》は驚《おどろ》いたように目《め》を見開《みひら》き、ポッポたちを見《み》た。落下《らっか》したのは、『ほうし』の薬剤《やくざい》を吸《す》ってしまったからなのだ。

ラッキーの《アロマセラピー》を受《う》けたポッポたちは回復《かいふく》し、次々《つぎつぎ》と飛《と》び立《た》っていった。

「なんでそんなものを!?」

リサが身《み》を乗《の》り出《だ》してたずねる。

「研究《けんきゅう》の中《なか》で、人間《にんげん》の病気《びょうき》に効果《こうか》があることがわかったんだ……」

そのとき、オリバーの携帯電話《けいたいでんわ》が鳴《な》った。

「私《わたし》だ」

電話《でんわ》は秘書《ひしょ》のマネキからで、オリバーはスピーカー通話《つうわ》に切《き》り替《か》えた。

『ご報告《ほうこく》します。原因不明《げんいんふめい》の煙《けむり》が発生《はっせい》。フウラシティの四分《よんぶん》の一《いち》が飲《の》み込《こ》まれ、現在《げんざい》もなお進行中《しんこうちゅう》。煙《けむり》を吸《す》った者《もの》は体《からだ》のしびれを訴《うった》えていて、有毒物質《ゆうどくぶっしつ》であることがわかっています。ただいま対象区域《たいしょうくいき》にいる人《ひと》たちに緊急避難《きんきゅうひなん》を指示《しじ》しております。——市長《しちょう》、一刻《いっこく》を争《あらそ》います。至急《しきゅう》お戻《もど》りください』

「わかった」

スピーカーから聞《き》こえてくるマネキの報告《ほうこく》を聞《き》いて、サトシたちは高台《たかだい》からフウラシティを振《ふ》り返《かえ》った。煙《けむり》が街《まち》にどんどん広《ひろ》がっていくのが見《み》える。

「お父様《とうさま》……」

ラルゴは震《ふる》える手《て》でオリバーの裾《すそ》をつかんだ。

「僕《ぼく》のせいだ……」とトリトが頭《あたま》を抱《かか》える。

一同《いちどう》は絶望的《ぜつぼうてき》な目《め》つきで煙《けむり》に飲《の》み込《こ》まれていく街《まち》を見《み》つめていた。

すると突然《とつぜん》、サトシが歩《ある》き出《だ》した。一同《いちどう》が驚《おどろ》いて振《ふ》り返《かえ》る。

「やろう！　見《み》てたって何《なに》も始《はじ》まらない！　オレたちでフウラシティを守《まも》るんですよ‼」

みんなの胸《むね》に広《ひろ》がる絶望感《ぜつぼうかん》を振《ふ》り払《はら》うように、サトシが言《い》った。

「って言《い》ったって、どうやってあんなの……」

リサが思《おも》わず前《まえ》に出《で》ると、サトシは自信《じしん》に満《み》ちた笑顔《えがお》を向《む》けた。

「オレたちにはポケモンがいる！　そばにいるだろ！」

「ピカ！」

そうだね！　とピカチュウがうなずくと、ラッキーやイーブイ、そしてヒスイについてきたポケモンたちも笑顔《えがお》でうなずいた。

「ひとりでできないことも、ポケモンと一緒《いっしょ》ならできる！　ポケモンがそばにいれば、元《げん》気《き》も力《ちから》もわいてくる！　それがポケモンパワーだ‼」

「ピッカピカー‼」

そろってガッツポーズを取《と》るサトシとピカチュウに、一同《いちどう》は唖然《あぜん》とした。すると不意《ふい》にリサが笑《わら》い出《だ》した。

「なに？　ポケモンパワーって……！　イヒヒヒッ」

その笑《わら》い声《ごえ》に、こわばっていた一同《いちどう》の表情《ひょうじょう》が和《やわ》らぐ。

「……ポケモンパワーか」

トリトも勇気《ゆうき》づけられたようだった。オリバーも力強《ちからづよ》くうなずく。

「そうですね。やってみましょう！」

「そうこなくっちゃ！」

「先生《せんせい》、あれを打《う》ち消《け》す方法《ほうほう》はないのですか？」

オリバーに訊《き》かれたトリトは、顎《あご》に手《て》を当《あ》てて考《かんが》え込《こ》んだ。

「えーっと……研究室《けんきゅうしつ》に戻《もど》って、ポケモンの特性《とくせい》『しぜんかいふく』の薬《くすり》を大量《たいりょう》に作《つく》れば……でもダメだ。それを街全体《まちぜんたい》に拡散《かくさん》できない……」

「風《かぜ》を使《つか》ったらどうだい？」

ヒスイの提案《ていあん》に、トリトは「風《かぜ》って？」と訊《き》き返《かえ》した。

「旧発電所《きゅうはつでんしょ》を動《うご》かそう」

オリバーが「なるほど！」と納得《なっとく》すると、

「でもあれって、壊《こわ》れてるんじゃ……」

ラルゴが言《い》った。旧発電所《きゅうはつでんしょ》は、五十年前《ごじゅうねんまえ》の山火事《やまかじ》で壊《こわ》れてしまったはずだ。

「いや、ヒスイさんなら動《うご》かせる！」

オリバーの言葉《ことば》に、リサは「どういうこと？」と眉《まゆ》をひそめた。

「あれは、あたしが作《つく》ったんだ」

思《おも》いもよらない事実《じじつ》に、サトシたちは「え!?」と驚《おどろ》いた。

「へぇ〜、おばあちゃん、やるぅ！」

ヒスイは少《すこ》し考《かんが》え込《こ》んでから口《くち》を開《ひら》いた。

「プロペラの向《む》きは変《か》えられるようになっている。逆回転《ぎゃくかいてん》させれば風《かぜ》を吹《ふ》かせることはできるはず。だが、動《うご》くかどうか半々《はんはん》ってとこだねぇ」

「半々《はんはん》…」

ヒスイとトリトの言葉《ことば》に、サトシは「よし！」と拳《こぶし》を握《にぎ》った。

「やろうぜ!!」

「ピカ！」

ヒスイはポケモンたちを振《ふ》り返《かえ》った。

「あんたたちも手伝《てつだ》いな！　力仕事《ちからしごと》が必要《ひつよう》だよ！」

ポケモンたちは力強《ちからづよ》くうなずいた。

「それでは先生《せんせい》、ヒスイさんは旧発電所《きゅうはつでんしょ》に」

「オレ、リサ、ラルゴは、ゼラオラと森《もり》のポケモンたちを手当《てあ》てして、安全《あんぜん》なとこに連《つ》れて行《い》こう！」

オリバーとサトシが二手《ふたて》に分《わ》かれようとすると、

「あの煙《けむり》は比重《ひじゅう》が重《おも》いから、山《やま》の上《うえ》の方《ほう》が安全《あんぜん》です。それとこれ、キズぐすり。ポケモンたちに使《つか》ってあげてください」

トリトがポケットからキズぐすりを取《と》り出《だ》して、サトシに渡《わた》した。

「ありがとうございます」

サトシがお礼《れい》を言《い》うと、オリバーは一同《いちどう》に声《こえ》を掛《か》けた。

「それでは皆《みな》さん、健闘《けんとう》を祈《いの》ります！」

7

不気味《ぶきみ》な煙《けむり》はどんどん広《ひろ》がり、山側《やまがわ》の地域《ちいき》を飲《の》み込《こ》んで、海《うみ》の方《ほう》へと広《ひろ》がっていった。

警報《けいほう》が鳴《な》り、街《まち》はパニックに陥《おちい》った。

煙《けむり》から逃《のが》れようと街《まち》の人々《ひとびと》は逃《に》げまどい、ジュンサーとそのポケモンたちは必死《ひっし》で避難《ひなん》誘導《ゆうどう》に当《あ》たっていた。


ケーブルカーから降《お》りたカガチは、山《やま》の方《ほう》から迫《せま》ってくる煙《けむり》を見上《みあ》げながら、ミアの携《けい》帯電話《たいでんわ》に電話《でんわ》をかけた。

「ミア！　今《いま》どこだ！　リリィは無事《ぶじ》か⁉」

『ええ、わたしたちは大丈夫《だいじょうぶ》。今《いま》、ロープウェイに乗《の》ってるわ。でも、緊急停止《きんきゅうていし》したみたいでさっきから動《うご》かないの……』

カガチはロープウェイがある山《やま》の方《ほう》を見《み》た。ロープウェイはだんだん煙《けむり》にのまれていく。

『おじさん……助《たす》けて……』

リリィの声《こえ》が聞《き》こえたかと思《おも》うと、ブチッと電話《でんわ》が切《き》れた。

「おい、リリィ！　ミア！」

カガチはがっくりと肩《かた》を落《お》とした。

リリィとミアを助《たす》けに行《い》かなければ——と反射的《はんしゃてき》に一歩《いっぽ》踏《ふ》み出《だ》したカガチは、足《あし》を止《と》めた。うつむいて、ギリリと奥歯《おくば》を噛《か》み締《し》める。

「助《たす》けられるのか？　こんな……こんなオレに……？」

今《いま》までの自分《じぶん》を振《ふ》り返《かえ》ったカガチは、急《きゅう》に怖気《おじけ》づいてしまった。

ひとりで何《なに》ができるっていうんだ——。

「ウッソー」

背後《はいご》から声《こえ》がしてカガチが振《ふ》り返《かえ》ると、ウソッキーが立《た》っていた。

「お前《まえ》ついて来《く》るなって……」

「ウッソー、ウッソー」

カガチと向《む》き合《あ》ったウソッキーは、何度《なんど》も叫《さけ》んだ。まるで、カガチならできる、と訴《うった》えるかのように——。

ウソッキーはカガチの手《て》を引《ひ》っ張《ぱ》った。

「ウッソー」

「なんだよ！」

「ウッソー」

助《たす》けに行《い》くんだよ、とロープウェイの方《ほう》を指差《ゆびさ》す。

ウソッキーの手《て》を振《ふ》り払《はら》ったカガチは、目《め》をそらした。

「何《なに》ができるっていうんだよ。その場《ば》その場《ば》で嘘《うそ》をついて逃《に》げているような弱《よわ》いオレとお前《まえ》で……」

「ウソ……ウソッキ――！」

何《なに》言《い》ってんの！　とウソッキーはカガチにパンチした。

「いてっ！　なんだよ、やめろ！」

「ウソウソッキー」

パンチするのをやめたウソッキーは、カガチの手《て》を取《と》り、何《なに》かを握《にぎ》らせた。

「お前《まえ》……」

それは、カガチが捨《す》てたモンスターボールだった。

「ウッソウッソ、ウッソウッソ――」

ふたりならできる。今度《こんど》はボクが助《たす》けてあげる――ウソッキーが涙《なみだ》ぐみながら訴《うった》える。

「ウソッキー……」

カガチは目《め》を開《あ》けて必死《ひっし》に涙《なみだ》をこらえた。代《か》わりに鼻水《はなみず》が出《で》てきて、グズ……とすする。

「オレに……力《ちから》を貸《か》してくれるか？」

「ウッソー」

もちろん、とウソッキーはうなずいた。

カガチはモンスターボールをウソッキーにかざした。モンスターボールに触《ふ》れたウソッキーが吸《す》い込《こ》まれていく。

「ありがとうな、ウソッキー」

カガチはウソッキーが入《はい》ったモンスターボールをしみじみと見《み》て、もう一度《いちど》かざした。

すると、

「ウッソー」

ウソッキーが出《で》てきて、カガチに抱《だ》きついた。

「嘘《うそ》をやめるのは撤回《てっかい》だ！　いくらでも嘘《うそ》をついてやる。それで大切《たいせつ》なものを守《まも》れるなら!!」

「ウッソー!!」

自分《じぶん》を鼓舞《こぶ》するカガチに続《つづ》いて、ウソッキーも拳《こぶし》を振《ふ》り上《あ》げた。

「オレたちは最強《さいきょう》だ！」

「ウッソ！」

「ふたりでリリィとミアを救《すく》うぞ!!」

「ウッソ！　ウッソ！」

突然《とつぜん》、ウソッキーが慌《あわ》ててカガチの後《うし》ろを指差《ゆびさ》した。

「え？」

振《ふ》り返《かえ》ると——いつの間《ま》にか煙《けむり》がすぐ近《ちか》くまで迫《せま》っていた。

「ちょっとオイ！　早《はや》く言《い》えよ!!」

「ウッソ——!!」

ふたりは慌《あわ》てて駆《か》け出《だ》し、煙《けむり》から逃《に》げていった。


旧発電所《きゅうはつでんしょ》を稼動《かどう》させることになったオリバーたちは、まずそれぞれの家《いえ》やパビリオンに戻《もど》った。

『対策本部《たいさくほんぶ》』が設置《せっち》されたオリバーの書斎《しょさい》には、すでに多《おお》くのスタッフが集《あつ》まっていた。

「状況《じょうきょう》は！」

書斎《しょさい》に入《はい》るなりオリバーがたずねると、マネキが緊迫《きんぱく》した面持《おもも》ちで伝《つた》えた。

「はい。すでに街《まち》の半分《はんぶん》以上《いじょう》が煙《けむり》に包《つつ》まれています。ポケモンセンターへの避難《ひなん》を呼《よ》びかけていますが、充分《じゅうぶん》とはいえない状況《じょうきょう》です。――市長《しちょう》、対策《たいさく》はどうしましょう？」

「ポケモンパワーだ」

オリバーの言葉《ことば》に、マネキは「はい？」と眉《まゆ》をひそめた。


自宅《じたく》に戻《もど》ったヒスイは、リビングの棚《たな》に置《お》いた箱《はこ》を手《て》に取《と》った。

その箱《はこ》は以前《いぜん》、ワニノコが触《ふ》れようとして、ヒスイが慌《あわ》てて取《と》り上《あ》げたものだ。

箱《はこ》を開《あ》けると、中《なか》にはキーが入《はい》っていた。

手《て》に取《と》るのは、実《じつ》に五十年《ごじゅうねん》ぶりだ――。

キーを手《て》にしたヒスイは、決意《けつい》を固《かた》めた表情《ひょうじょう》で家《いえ》を出《で》た。


トリトがパビリオンに戻《もど》ると、研究員《けんきゅういん》たちは避難準備《ひなんじゅんび》をしていた。

「トリト！」

研究員《けんきゅういん》のひとりがトリトに気《き》づいて歩《あゆ》み寄《よ》ってくる。

「どこ行《い》ってたんだ？　ここにも避難指示《ひなんしじ》が出《で》た」

「あの……その……」

研究員《けんきゅういん》たちの視線《しせん》を一気《いっき》に浴《あ》びたトリトは、しどろもどろになってしまった。ちゃんとハッキリ言《い》わなければいけないのに、今朝《けさ》の研究員《けんきゅういん》たちの言葉《ことば》が頭《あたま》によみがえってくる――。

「研究資材《けんきゅうしざい》を運《はこ》ぶのを手伝《てつだ》ってくれ。どうした？　トリト、聞《き》いてるのか？」

「いや、その……」

そのとき、後《うし》ろにいたラッキーがトリトの背中《せなか》に手《て》を当《あ》てた。

「ラッキー」

ボクがついてるよ、と優《やさ》しい目《め》で見《み》つめる。トリトはうなずくと、

「ポケモンパワー、ポケモンパワー、ポケモンパワー、ポケモンパワー……」

拳《こぶし》を握《にぎ》って、サトシの言葉《ことば》を呪文《じゅもん》のように唱《とな》えた。

「トリト、早《はや》く！　時間《じかん》が――」

「いいから聞《き》いて!!」

初《はじ》めて聞《き》くトリトの大《おお》きな声《こえ》に、研究員《けんきゅういん》たちは目《め》を見張《みは》った。

「……みんなが僕《ぼく》のこと嫌《きら》いなの、知《し》ってる。僕《ぼく》はウジウジしていて、ろくに人《ひと》とも話《はな》せない。みんなから見《み》たら変《へん》なヤツかもしれない……」

トリトはそう言《い》うと、研究員《けんきゅういん》たちの顔《かお》を見《み》た。

「でも、今《いま》だけは力《ちから》を貸《か》して！　まだこの街《まち》を守《まも》る方法《ほうほう》がある！　逃《に》げないで、人《ひと》とポケモンを僕《ぼく》の研究《けんきゅう》で救《すく》いたいんだ‼」

静《しず》まり返《かえ》ったパビリオンに、早口《はやくち》で一気《いっき》に叫《さけ》んだトリトの荒《あら》い呼吸《こきゅう》が響《ひび》く。

「……トリト」

「なっ、何《なに》⁉」

トリトが思《おも》わず身構《みがま》えると、研究員《けんきゅういん》は静《しず》かに微笑《ほほえ》んだ。

「君《きみ》はいつでもそうだ。他人《たにん》とポケモンのことを第一《だいいち》に考《かんが》えている……。今回《こんかい》もそう。研《けん》究者《きゅうしゃ》として尊敬《そんけい》している」

「へ？」

思《おも》いもしない言葉《ことば》に、トリトは間抜《まぬ》けな声《こえ》を出《だ》した。すると、他《ほか》の研究員《けんきゅういん》たちもトリトの元《もと》にやって来《き》た。

「何《なに》をすればいい？　手伝《てつだ》わせてくれ」

「ああ、やってやろう！」

「指示《しじ》をちょうだい！」

「みんな……」

嬉《うれ》しさのあまり、トリトの頬《ほお》に涙《なみだ》が一筋《ひとすじ》流《なが》れた。そばにいたラッキーも喜《よろこ》んでいる。

トリトは涙《なみだ》を拭《ふ》いた。

「『しぜんかいふく』の薬剤《やくざい》を、大量《たいりょう》に作《つく》りたいんだ」

「よし！　みんな、急《いそ》いで取《と》りかかろう‼」

研究員《けんきゅういん》たちは「おう！」と声《こえ》を上《あ》げると、研究室《けんきゅうしつ》に戻《もど》って薬剤《やくざい》の製造《せいぞう》に取《と》りかかった。


山《やま》に残《のこ》ったサトシたちは、廃墟《はいきょ》の前《まえ》でトリトからもらったキズぐすりを使《つか》ってゼラオラやポケモンたちの手当《てあ》てをした。

しばらくすると、ゼラオラが目《め》を覚《さ》ました。

「気《き》がついたのね、ゼラオラ」

ゼラオラは起《お》きるやいなや、ラルゴたちから離《はな》れた。

「もう大丈夫《だいじょうぶ》。あの人《ひと》たちはいないわ」

ラルゴが歩《あゆ》み寄《よ》ろうとすると、ゼラオラはヴヴヴ……と低《ひく》い唸《うな》り声《ごえ》を上《あ》げた。

「待《ま》て！　ラルゴ！」

「え？」

サトシが制《せい》した瞬間《しゅんかん》――ゼラオラは「ガァァァウ!!」と大《おお》きくジャンプして、サトシたちの背後《はいご》に回《まわ》り込《こ》んだ。

サトシたちをにらみつけ、ウウウ……と低《ひく》く唸《うな》る。人間《にんげん》を警戒《けいかい》しているのだ。

「ゼラオラ、大丈夫《だいじょうぶ》！　オレたちは何《なに》もしない！」

サトシが懸命《けんめい》に訴《うった》えても、ゼラオラは牙《きば》をむき出《だ》し、警戒《けいかい》を解《と》こうとしない。

そのとき――ドオォオン！　と大《おお》きな爆発音《ばくはつおん》がした。


キーを持《も》って自宅《じたく》を出《で》たヒスイは、オリバーの家《いえ》に出向《でむ》いた。ポケモンたちも一緒《いっしょ》だ。

対策本部《たいさくほんぶ》が設置《せっち》された書斎《しょさい》に入《はい》り、オリバーに声《こえ》をかける。

「持《も》ってきたよ！　先生《せんせい》は？」

「まだです」

するとそのとき、ドアが勢《いきお》いよく開《ひら》いた。

「おい！　あの煙《けむり》をぶっつぶすにゃどうすりゃいい!?」

入《はい》ってきたのはカガチとウソッキーだった。

「おっ、あんたかい」

「ばあさん⁉」

ヒスイとカガチは互《たが》いの顔《かお》を見《み》て驚《おどろ》いた。

「今《いま》、旧発電所《きゅうはつでんしょ》を動《うご》かして、解毒《げどく》する作戦《さくせん》を……」

「リリィが危《あぶ》ねぇんだ。早《はや》く行《い》こう‼　その旧《きゅう》なんちゃらに‼」

オリバーの説明《せつめい》を聞《き》き終《お》わらないうちにカガチが書斎《しょさい》を出《で》て行《い》こうとすると——ドーンと地響《じひび》きのような音《おと》がした。

「なんだ⁉」

その音《おと》に驚《おどろ》いた一同《いちどう》がオリバーの家《いえ》から飛《と》び出《だ》すと、山《やま》の方《ほう》で爆煙《ばくえん》と炎《ほのお》が立《た》ち上《のぼ》っているのが見《み》えた。

「変電所《へんでんしょ》の方《ほう》だ……」

「煙《けむり》でショートした可能性《かのうせい》があるね……」

山火事《やまかじ》を見《み》ていたヒスイは、突然《とつぜん》、ハァハァと荒《あら》い呼吸《こきゅう》をして倒《たお》れた。寸《すん》でのところでカイリキーとネイティオが受《う》け止《と》める。

「ばあさん⁉」

カガチが振《ふ》り返《かえ》ったと同時《どうじ》に――

見《み》る見《み》るうちに山《やま》の方《ほう》から明《あ》かりが消《き》えていった。


風祭《かざまつ》り会場《かいじょう》にも煙《けむり》が押《お》し寄《よ》せてきて、『ラムのみ』ジュース屋《や》に扮《ふん》したロケット団《だん》は観光客《かんこうきゃく》と共《とも》に、トリトのパビリオンに滑《すべ》り込《こ》んだ。

「早《はや》く！　急《いそ》げー!!」

全員《ぜんいん》がパビリオンの中《なか》に入《はい》ったのを確認《かくにん》すると、研究員《けんきゅういん》は煙《けむり》が入《はい》ってこないようにシャッターを閉《し》めた。

階段《かいだん》を駆《か》け上《あ》がったロケット団《だん》は、折《お》り重《かさ》なるようにバタンと倒《たお》れた。

「はぁ……はぁ……間《ま》に合《あ》った……」

「ニャ〜〜〜」

「助《たす》かったのか……？」

そのとき――突然《とつぜん》、照明《しょうめい》が消《き》えて真《ま》っ暗《くら》になった。

「停電《ていでん》だ……」

研究室《けんきゅうしつ》の電気《でんき》も消《き》えた。研究員《けんきゅういん》がタッチパネルを何度《なんど》も押《お》すが、反応《はんのう》がない。

『しぜんかいふく』の薬剤《やくざい》を生成《せいせい》していた機械《きかい》も止《と》まってしまい、トリトの目《め》の前《まえ》で薬剤《やくざい》がどんどん変色《へんしょく》していった。

「待《ま》って！　そんな！　ダメだ！　ダメダメ……せっかくここまできたのに……」

トリトはがくりと肩《かた》を落《お》とした。するとラッキーが「ラッキ――」とトリトを呼《よ》んだ。

「どうしたんだい？　ラッキー」

ラッキーは研究室《けんきゅうしつ》を出《で》て、パビリオンの窓《まど》に向《む》かった。窓際《まどぎわ》には避難《ひなん》した人《ひと》たちが集《あつ》まっていて、みんな窓《まど》に張《は》りつくようにして外《そと》を見《み》ている。

「ラッキー」

あれ見《み》て、とラッキーが窓《まど》の外《そと》を指差《ゆびさ》した。

「!!」

トリトは目《め》を見張《みは》った。

パビリオンの外《そと》に広《ひろ》がる煙《けむり》の向《む》こうで、山《やま》が赤《あか》くなっているのが見《み》えたのだ。

「ばあさん、大丈夫《だいじょうぶ》か？」

カガチは、荒《あら》い呼吸《こきゅう》を繰《く》り返《かえ》しながら膝《ひざ》をついているヒスイに声《こえ》をかけた。

「すぐにベッドを用意《ようい》してくれ」

オリバーが部下《ぶか》に指示《しじ》すると、

「いいんだ！　大丈夫《だいじょうぶ》!!」

ヒスイが立《た》ち上《あ》がろうとして、カガチは慌《あわ》てて手《て》を貸《か》した。

「先生《せんせい》を待《ま》たずに先《さき》に行《い》こう。あの子《こ》を動《うご》かすには時間《じかん》がいる」

「よし！　わかった！　オレが連《つ》れてってやる!!」

自分《じぶん》の胸《むね》をドンと叩《たた》いたカガチは、ヒスイを背負《せお》うと、ポケモンたちと共《とも》に旧発電所《きゅうはつでんしょ》に向《む》かった。


ポケモンセンターは避難《ひなん》してきた人《ひと》たちであふれていた。

ろうそくの火《ひ》が灯《とも》る中《なか》、ジョーイはタオルを配《くば》り歩《ある》いた。

誰《だれ》もが不安《ふあん》と恐怖《きょうふ》にとまどい、心配《しんぱい》そうに窓《まど》から外《そと》を覗《のぞ》いたり、頭《あたま》を抱《かか》え込《こ》んだ。

中《なか》にはスマホでポケランチャンネルを見《み》ている人《ひと》もいた。

『突如現《とつじょあらわ》れた煙《けむり》の次《つぎ》は、変電所《へんでんしょ》での爆発《ばくはつ》が原因《げんいん》で山火事《やまかじ》が発生《はっせい》。フウラシティの電気《でんき》は失《うしな》われ、辺《あた》りは闇《やみ》に包《つつ》まれているらしいぜ。フウラシティのみんな、くれぐれも気《き》をつけてな！』

サトシたちは、呆然《ぼうぜん》と山火事《やまかじ》を見《み》ていた。暗闇《くらやみ》に包《つつ》まれた街《まち》の中《なか》で、真《ま》っ赤《か》に燃《も》えさかる炎《ほのお》だけがどんどん広《ひろ》がっていく。

ラルゴがふと振《ふ》り返《かえ》ると――ゼラオラが電気《でんき》エネルギーを体《からだ》にため込《こ》んでいた。

「ゼラオラ⁉」

両手両足《りょうてりょうあし》の肉球《にくきゅう》から大電流《だいでんりゅう》を発《はっ》したゼラオラは、閃光《せんこう》と共《とも》に空中《くうちゅう》を走《はし》り抜《ぬ》けた。閃光《せんこう》は変電所《へんでんしょ》へと向《む》かって伸《の》びて、サトシたちの元《もと》に残《のこ》ったのは雷鳴《らいめい》だけだった。

「あいつ、まさか……」

「きっとポケモンたちを助《たす》けに行《い》ったんだ……！」

ラルゴはそう言《い》うと、走《はし》り出《だ》した。

「ピカ！」

ピカチュウが後《あと》を追《お》う。

「ちょっと！」

リサも追《お》おうとすると、

「リサ！　オレがラルゴを追《お》う！」

サトシが制《せい》した。

「え？」

「リサはあれを元《もと》に戻《もど》して、ルギアを呼《よ》んでくれ!!」

サトシは地面《じめん》に落《お》ちている聖火《せいか》を指差《ゆびさ》した。

「え!?　ちょっと待《ま》って——」

「リサなら聖火台《せいかだい》まで誰《だれ》よりも一番早《いちばんはや》く届《とど》けられる！　うん、リサにしかできないんだ!!」

リサは首《くび》を横《よこ》に振《ふ》った。けれど、

「リサならできる！　頼《たの》んだぞ!!」

サトシはそう言《い》って、リサの返事《へんじ》も聞《き》かずに走《はし》っていった。

「……無理《むり》だよ……」

残《のこ》されたリサは、うなだれた。

「だってあたし、走《はし》れない……」

足《あし》をケガしてから走《はし》ったことがないのに、いきなり聖火《せいか》を持《も》って走《はし》れだなんて、無茶《むちゃ》だ。

無理《むり》に決《き》まっている——。

すると突然《とつぜん》、イーブイがリサの腕《うで》の中《なか》から飛《と》び出《だ》した。

「イーブイ!?」

イーブイはケガした後《うし》ろ足《あし》をかばいながら聖火《せいか》の方《ほう》へ駆《か》けていくと、聖火《せいか》をくわえた。

自分《じぶん》の体《からだ》よりも大《おお》きな聖火《せいか》をくわえ、ずりずりと地面《じめん》をすって歩《ある》き出《だ》す。が、聖火《せいか》の重《おも》さで、イーブイはズルッと足《あし》が滑《すべ》って倒《たお》れた。

それでも再《ふたた》び聖火《せいか》をくわえて、引《ひ》きずっていく。

「……どうしてそんなに頑張《がんば》れるのよ!」

「イーブイ」

リサの足元《あしもと》まで聖火《せいか》を持《も》ってきたイーブイは、聖火《せいか》を頭《あたま》でコツンとリサの方《ほう》へ押《お》し向《む》けた。

「イーブイ」

行《い》こう。ふたりならできる、とリサを見《み》る。

その瞬間《しゅんかん》——リサはイーブイをゲットしたときのことを思《おも》い出《だ》した。

☆

『イーブイがいたら、また走《はし》れるようになると思《おも》うな』

『え？　なんで？』

『だってさ、ひとりでできないことも、ポケモンがいるとなんでもできる！　ってなんか思《おも》うんだ！』

『ピカァ！』

『何《なに》それ』

☆

いつの間《ま》にか、リサの目《め》に涙《なみだ》がたまっていた。

あのときは、まじめな顔《かお》で力説《りきせつ》するサトシがおかしくて、笑《わら》ってしまったけど――。

その場《ば》に座《すわ》り込《こ》んだリサは、目《め》の前《まえ》のイーブイを見《み》た。

「一緒《いっしょ》に……ポケモンがいると、なんでもできる……か」

リサが言《い》うと、イーブイは「ブイ」とうなずいた。その姿《すがた》を見《み》ていると、なんだか本当《ほんとう》にできるような気《き》になってくる。

「……あなたがそんなに頑張《がんば》っているんだもんね。負《ま》けられるわけないよね」

「イーブイ」

リサはイーブイを抱《だ》きかかえると、決意《けつい》に満《み》ちた目《め》でイーブイを見《み》た。

「今度《こんど》はあたしが頑張《がんば》る番《ばん》。一緒《いっしょ》に届《とど》けよう、聖火《せいか》を！」

「ブイ！」

「よーし！」

イーブイを下《お》ろしたリサは、厚底《あつぞこ》サンダルを脱《ぬ》いで裸足《はだし》になった。腕《うで》につけていたシュシュで髪《かみ》を束《たば》ねて、準備運動《じゅんびうんどう》をする。

「おいで。しっかりつかまってて」

「ブイ」

さっきまでは絶対走《ぜったいはし》れないと思《おも》っていたのに、不思議《ふしぎ》だ。

自分《じぶん》の体《からだ》に力《ちから》がわいてくるのがわかる。

これが、ポケモンパワーなんだ――。

イーブイを肩《かた》に乗《の》せて聖火《せいか》を持《も》ったリサは、腰《こし》を屈《かが》めて地面《じめん》に両手《りょうて》をついた。

「これがあたしたちのポケモンパワー!!」

腰《こし》を上《あ》げたリサは、勢《いきお》いよく走《はし》り出《だ》した。

8

停電《ていでん》してしまったパビリオンの中《なか》で、トリトは頭《あたま》を抱《かか》えていた。

研究室内《けんきゅうしつない》にあるコンピューターや電子機器《でんしきき》は全《すべ》て止《と》まってしまっていた。研究員《けんきゅういん》が何《なん》とか復旧《ふっきゅう》させようと試《こころ》みたが、電気《でんき》が供給《きょうきゅう》されない以上《いじょう》、無理《むり》な話《はなし》だった。

このままでは『しぜんかいふく』の薬剤《やくざい》が作《つく》れない——トリトはグシャグシャと髪《かみ》をかき回《まわ》した。

「考《かんが》えろ……考《かんが》えろ……僕《ぼく》の知識《ちしき》で……頭《あたま》を回転《かいてん》させろ！　この世界《せかい》で一番考《いちばんかんが》えるんだ！」

そう言《い》いながら、パビリオン内《ない》を見渡《みわた》す。すると——『ラムのみ』の形《かたち》をした帽子《ぼうし》をかぶったニャースが目《め》に入《はい》った。

『ラムのみ』ジュース屋《や》に扮《ふん》したロケット団《だん》のワゴンには、『ラムのみ』が大量《たいりょう》に載《の》っている。

「これだ！」

トリトはロケット団《だん》のワゴンに駆《か》け寄《よ》った。

「ちょっとすみません」

きょとんとするロケット団《だん》の前《まえ》で、トリトは『ラムのみ』を手《て》に取《と》った。

「いける！　いけるぞ！　これ、全部譲《ぜんぶゆず》ってもらえませんか？　街《まち》を救《すく》うために!!」

わけがわからないロケット団《だん》は「はい!?」と訊《き》き返《かえ》した。


ロープウェイが止《と》まって、どのくらい時間《じかん》が経《た》っただろう。

リリィたちを乗《の》せたゴンドラは、真《ま》っ暗《くら》な山《やま》の中《なか》で宙吊《ちゅうづ》りになっていた。

ゴンドラの中《なか》にもしだいに煙《けむり》が入《はい》ってきて、乗客《じょうきゃく》たちはゴホゴホと咳《せ》き込《こ》んだ。

「もう少《すこ》し頑張《がんば》って、リリィ」

「大丈夫《だいじょうぶ》よ。おじさんが、必《かなら》ず助《たす》けてくれるもん……！」


カガチはヒスイを背負《せお》って旧発電所《きゅうはつでんしょ》がある山《やま》を登《のぼ》っていた。うっそうと茂《しげ》る森《もり》の中《なか》を走《はし》りながら、煙《けむり》を消《け》す方法《ほうほう》をヒスイから聞《き》く。

「なるほど。そいつを動《うご》かしゃいいんだな！　んでもって、あの先生《せんせい》の薬《くすり》をぶちまけると！」

「まぁ、そんなとこだ」

森《もり》を抜《ぬ》ければ、旧発電所《きゅうはつでんしょ》はすぐそこのはずだ。けれど、カガチたちの目《め》の前《まえ》に現《あらわ》れたのは、一面《いちめん》に広《ひろ》がる炎《ほのお》の海《うみ》だった。

「なんてこった……」

「こりゃ、違《ちが》うルートを探《さが》すしかないね」

「え、いや、だって、旧発電所《きゅうはつでんしょ》ってあれだろ？」

カガチは炎《ほのお》の海《うみ》の先《さき》にある旧発電所《きゅうはつでんしょ》をあごで指《さ》し示《しめ》した。

「もう目《め》の前《まえ》だぞ。消火《しょうか》して突破《とっぱ》しよう！」

「ダメだ！　それだけは許《ゆる》さないよ!!」

ヒスイは無理《むり》やりカガチの背中《せなか》から降《お》りると、両手《りょうて》を広《ひろ》げて立《た》ちはだかった。その顔《かお》はひどく興奮《こうふん》していて、呼吸《こきゅう》も荒《あら》い。

「どうしたんだ？　ばあさん……」

オリバーの家《いえ》で倒《たお》れたときといい、カガチにはヒスイがなぜそこまで山火事《やまかじ》に怯《おび》えるのかがわからなかった。

ヒスイは身《み》を震《ふる》わせながら、手袋《てぶくろ》をした右手《みぎて》を見《み》つめた。

「この手《て》に……この手《て》にもう少《すこ》しで……」

頭《あたま》の中《なか》に、ヒスイの手《て》を離《はな》れて炎《ほのお》の中《なか》へ走《はし》っていくブルーの姿《すがた》がよみがえった。

☆

五十年前《ごじゅうねんまえ》の旧発電所《きゅうはつでんしょ》。

燃《も》えさかる炎《ほのお》の中《なか》、ブルーはキーを取《と》りにコントロールルームを走《はし》っていった。

『ブルー！　戻《もど》っておいで！　ブルー!!』

キーを取《と》ったブルーは、ジャンプしてヒスイの方《ほう》へ向《む》かった。ヒスイも部下《ぶか》の制止《せいし》を振《ふ》り払《はら》って、走《はし》り出《だ》す。

そのとき――膨《ふく》れ上《あ》がった炎《ほのお》がブルーを襲《おそ》った。あっという間《ま》に炎《ほのお》に飲《の》み込《こ》まれたブルーが、キーを投《な》げる。

『ブルー――!!』

キーをつかんだヒスイの右手《みぎて》も、炎《ほのお》に包《つつ》まれた――。

☆

「あたしから離《はな》れちゃダメだ……」

その場《ば》に崩《くず》れたヒスイは、手《て》を震《ふる》わせ青《あお》ざめた顔《かお》でぶつぶつ独《ひと》り言《ごと》のようにつぶやいた。

すると、カガチがヒスイの肩《かた》を強《つよ》くつかんだ。

「ばあさん！　しっかりしろ！　何《なに》があったのか知《し》らねぇが、今《いま》はオレたちがついてる！」

ヒスイはハッとして、カガチを見《み》た。そのそばでは、ポケモンたちがうなずいている。

ポケモンたちは皆《みな》、決意《けつい》に満《み》ちた表情《ひょうじょう》を浮《う》かべていて――あのときのブルーと重《かさ》なった。

ヒスイは持《も》っていたキーを見《み》つめた。

『ブルー、ブルー』

みんないるよ、大丈夫《だいじょうぶ》、とブルーの声《こえ》が聞《き》こえたような気《き》がした。

「……ありがとね、ブルー」

ヒスイは、キーをギュッと握《にぎ》った。

「あたしが大好《だいす》きだったあいつが、きっとこのときのために、キーを守《まも》ったんだ……。次《つぎ》は、あたしの番《ばん》だ」

そう言《い》うと、ヒスイはポケモンたちを見《み》た。

「あんたたち、一緒《いっしょ》にやってくれるかい？　ポケモンパワーとやら、見《み》せてやろうじゃないか！」

ヒスイの掛《か》け声《ごえ》で、ポケモンたちは一斉《いっせい》に炎《ほのお》に立《た》ち向《む》かった。

ワニノコとマリルは《みずでっぽう》を放《はな》った。

「ウ⁉　ウソソソソ」

ふたりの近《ちか》くにいたウソッキーが《ものまね》を発動《はつどう》して、《みずでっぽう》を放《はな》つ。

カイリキーは《かいりき》を発動《はつどう》して、燃《も》えている木《き》を引《ひ》っこ抜《ぬ》いて倒《たお》した。

バルキーとヘラクロスも次々《つぎつぎ》と木《き》を倒《たお》していく。

「ウソ⁉」

するとウソッキーも《かいりき》を発動《はつどう》して、燃《も》えている木《き》を引《ひ》っこ抜《ぬ》いた。

「空《そら》からも頼《たの》めるかい？」

ヒスイが言《い》うと、ネイティオが飛《と》び立《た》ち、その足《あし》にムチュールがつかまった。

「ムチュ――――‼」

ムチュールが放《はな》った《ふぶき》が、炎《ほのお》を消《け》していく。

喜《よろこ》んでいるカガチのそばで、トゲピーは手《て》を振《ふ》ってみんなを応援《おうえん》した。

「ピー！　ピーピーピ――‼」

いつの間《ま》にかその動作《どうさ》が《ゆびをふる》になっていて、トゲピーは《ハイドロカノン》を放《はな》った。すさまじい水流《すいりゅう》が炎《ほのお》を覆《おお》いつくし、あっという間《ま》に鎮火《ちんか》する。

「あ……ハハハ……」

唖然《あぜん》とするヒスイのそばで、トゲピーは楽《たの》しそうに踊《おど》っていた。

「よし！　何《なに》はともあれ、これで道《みち》は開《ひら》けたぞ！」

カガチは再《ふたた》びヒスイを背負《せお》うと、旧発電所《きゅうはつでんしょ》に続《つづ》く道《みち》を進《すす》み出《だ》した。


聖火《せいか》を持《も》ったリサは、木々《きぎ》が生《お》い茂《しげ》る森《もり》の中《なか》を走《はし》っていた。

ようやく森《もり》を抜《ぬ》けると、山《やま》の上《うえ》の方《ほう》から煙《けむり》が迫《せま》ってきて、見《み》る見《み》るうちに聖火台《せいかだい》に続《つづ》く道《みち》に広《ひろ》がっていった。

「どうしよう……『ほうし』から逃《に》げてたら、いつまでたっても辿《たど》り着《つ》かないよ……」

そのとき、スマホが鳴《な》った。走《はし》りながら電話《でんわ》に出《で》ると、

『姉《ねえ》ちゃん！』

弟《おとうと》のリクからだった。

『オレがナビゲートする！』

「は？」

『煙《けむり》から逃《のが》れられて、かつ聖火台《せいかだい》までの最短《さいたん》ルートを今《いま》、探《さが》してる……見《み》つけた！』

リサは驚《おどろ》いた。

「なんであんたがそれを!? てか、なんであたしの場所《ばしょ》わかってんの？」

『いいから！　走《はし》るのに集中《しゅうちゅう》！』

「はい!!」

リサは思《おも》わず素直《すなお》に返事《へんじ》をしてしまった。

「前《まえ》に見《み》える森《もり》に入《はい》って！『ほうし』が多少《たしょう》遅《おそ》くなるはず！」

「はい！」

リサは言《い》われた方向《ほうこう》へ走《はし》っていった。


ラルゴがサトシたちと一緒《いっしょ》に変電所《へんでんじょ》に行《い》くと、辺《あた》りは炎《ほのお》に包《つつ》まれていた。

奥《おく》にゼラオラが見《み》える。

「やっぱり……！」

燃《も》えさかる変電所《へんでんしょ》の中《なか》で、ゼラオラは逃《に》げ遅《おく》れたポケモンたちを助《たす》けていた。

ラルゴたちが駆《か》け寄《よ》ろうとすると、ゼラオラはいきなり《かみなり》を発射《はっしゃ》した。

「危《あぶ》ない!!」

サトシはラルゴを突《つ》き飛《と》ばして《かみなり》から助《たす》けた。が、自分《じぶん》は避《よ》けきれず電撃《でんげき》を食《く》らってしまう。

「ぐわあああ!!」

「ピカピー!」

ピカチュウが駆《か》け寄《よ》ろうとすると、サトシは「大丈夫《だいじょうぶ》だ!」と制《せい》した。電撃《でんげき》に耐《た》えながら、ゼラオラに立《た》ち向《む》かう。

「お前《まえ》は……人間《にんげん》が嫌《きら》いなんだよな? 信《しん》じられないんだよな……?」

ゼラオラは鋭《するど》い目《め》でサトシをにらみ、グルルル……と唸《うな》った。

「寂《さび》しいよ、そんなの……だったらさ……」

サトシは電撃《でんげき》をくらいながら、立《た》ち上《あ》がった。そして帽子《ぼうし》のつばを後《うし》ろに回《まわ》すと、ニカッと笑《わら》った。

「オレと友《とも》だちになってくれ……!」

「!?」

突然《とつぜん》、笑顔《えがお》を向《む》けられたゼラオラは、驚《おどろ》いて《かみなり》を止《と》めた。サトシがガクリと膝《ひざ》をつき、ピカチュウが駆《か》け寄《よ》る。

「ピカピカピー？」

「ああ」

ゼラオラはサトシをキッとにらみつけた。

「ガァアア」

両手《りょうて》に電気《でんき》をためている。

「わからずや！」

「ピカ！」

サトシは立《た》ち上《あ》がった。ゼラオラは電気《でんき》をまとった拳《こぶし》を地面《じめん》に振《ふ》り下《お》ろした。《プラズマフィスト》だ。すさまじい電撃《でんげき》が地面《じめん》をつたってサトシたちに向《む》かってくる――！

「ピカチュウ、《10まんボルト》！」

「ピ――カチュ――――!!」

ピカチュウが放《はな》った《10まんボルト》とゼラオラの《プラズマフィスト》が衝突《しょうとつ》し、すさまじい爆発《ばくはつ》が起《お》きた。

「ピカチュウ、《アイアンテール》!!」

爆煙《ばくえん》の中《なか》でピカチュウの尻尾《しっぽ》が鋼色《はがねいろ》に変化《へんか》してギラリと光《ひか》り、ゼラオラに迫《せま》った。が、ゼラオラはすばやくかわし、ピカチュウの尻尾《しっぽ》をつかんで放《ほう》り投《な》げる。

「《でんこうせっか》だ！」

壁《かべ》に着地《ちゃくち》したピカチュウは、ゼラオラに向《む》かって突進《とっしん》した。

ロケット団《だん》のワゴンに載《の》っていた『ラムのみ』は、『しぜんかいふく』の薬剤《やくざい》と同様《どうよう》に体《からだ》の異常《いじょう》を回復《かいふく》させる効果《こうか》がある、『きのみ』だ。

『ラムのみ』を使《つか》えば、『しぜんかいふく』の薬剤《やくざい》と同《おな》じものを作《つく》ることができる——！

トリトは集《あつ》めた大量《たいりょう》の『ラムのみ』から成分《せいぶん》を抽出《ちゅうしゅつ》し、薬剤注入機《やくざいちゅうにゅうき》でカプセルに詰《つ》めた。

「できた！　やったぁ！　できたできた!!」

完成《かんせい》したカプセルを手《て》にしたトリトは、バンザイした。周《まわ》りの研究員《けんきゅういん》たちも拍手《はくしゅ》したり抱《だ》きあったりして、薬剤《やくざい》の完成《かんせい》を大《おお》いに喜《よろこ》ぶ。

すると、出入《でい》り口《ぐち》のドアから研究員《けんきゅういん》が「トリト！」と呼《よ》んだ。

「市長《しちょう》のところから車《くるま》が迎《むか》えに来《き》てる！」

「うん！」

ラッキーと抱《だ》き合《あ》って喜《よろこ》んでいたトリトは立《た》ち上《あ》がり、薬剤《やくざい》を入《い》れたカプセルを手《て》に出《で》入《い》り口《ぐち》へ向《む》かった。

闇《やみ》に包《つつ》まれたフウラシティでチャイムが鳴《な》り、防災無線《ぼうさいむせん》が流《なが》れた。

『こちらは対策本部《たいさくほんぶ》。フウラシティは『ほうし』の煙《けむり》の発生《はっせい》のため、皆《みんな》さまには避難《ひなん》をお願《ねが》いしております。もし、助《たす》けの必要《ひつよう》な方《かた》やポケモンがいましたら、お近《ちか》くの方々《かたがた》がご協力《きょうりょく》いただけるようお願《ねが》いします。また、ただ今《いま》、解決《かいけつ》に向《む》けて対策《たいさく》チームを発足《ほっそく》しました。もうすぐ皆《みな》さまの安全《あんぜん》を確保《かくほ》できるよう力《ちから》を尽《つ》くします』

ポケモンセンターに避難《ひなん》していた人々《ひとびと》は、真剣《しんけん》な表情《ひょうじょう》で耳《みみ》を傾《かたむ》けていた。

街《まち》の中《なか》を走《はし》っているリサも、ゴンドラに閉《と》じ込《こ》められたリリィたちも、フウラシティにいる人々《ひとびと》は、街《まち》のいたるところにあるスピーカーから流《なが》れるオリバーの言葉《ことば》を聞《き》いていた。

『そして、ここからは市長《しちょう》からのお願《ねが》いです。『ほうし』の煙《けむり》の発生《はっせい》に伴《ともな》い、山火事《やまかじ》が発《はっ》生《せい》しました。対策《たいさく》チームの作戦《さくせん》が成功《せいこう》した際《さい》には、可能《かのう》な限《かぎ》り私《わたし》と共《とも》に消火活動《しょうかかつどう》に協力《きょうりょく》していただきたい。この街《まち》は、ずっと嘘《うそ》をついてきました。今回《こんかい》こそは我々自《われわれみずか》らが、共《とも》に闘《たたか》ってくれるポケモンたちと、あの炎《ほのお》に立《た》ち向《む》かおうではありませんか!!』

9

五十年《ごじゅうねん》もの間使《あいだつか》われていなかった旧発電所《きゅうはつでんしょ》は、すっかり荒《あ》れ果《は》てていた。

ヒスイはまっすぐコントロールルームに向《む》かい、操作台《そうさだい》に立《た》ってコントロールシステムを操作《そうさ》し始《はじ》めた。コントロールルームに入《はい》ってきたカガチは、外《そと》に立《た》つ巨大《きょだい》なプロペラを指差《ゆびさ》した。

「すげぇなこれ……一体《いったい》どうやってこんなでけぇの、電気《でんき》も無《な》しに動《うご》くんだ？」

「これだよ」

ヒスイは左手《ひだりて》でレバーを握《にぎ》り、右手《みぎて》に持《も》っていたキーを鍵穴《かぎあな》に挿《さ》してカチャリと回《まわ》した。

すると、ヒスイのいる操作台《そうさだい》が上昇《じょうしょう》した。その下《した》に隠《かく》れていた歯車《はぐるま》が露出《ろしゅつ》して、一番下《いちばんした》にはひときわ大《おお》きな回転機械《かいてんきかい》が現《あらわ》れた。

「良《よ》い子《こ》だ！」

満足《まんぞく》げに微笑《ほほえ》むヒスイの下《した》で、カガチは現《あらわ》れた巨大《きょだい》な回転機械《かいてんきかい》にただただ驚《おどろ》いた。

「おいおい、マジか……」

ヒスイは操作台《そうさだい》に背《せ》を向《む》け、下《した》にいるカガチたちに向《む》かって叫《さけ》んだ。

「こっからは体力勝負《たいりょくしょうぶ》だ！　全員《ぜんいん》の力《ちから》が必要《ひつよう》だよ！　いいかい？　そいつを一斉《いっせい》に押《お》すんだ！」

「おい、ばあさん……つまりは人力《じんりき》ってことか⁉」

カガチは耳《みみ》を疑《うたが》った。歯車《はぐるま》を横《よこ》にしたような形《かたち》をした回転機械《かいてんきかい》の側面《そくめん》からは、太《ふと》いバーが何本《なんぼん》も放射状《ほうしゃじょう》に伸《の》びていて、ヒスイはこれをカガチたちで押《お》して回《まわ》せと言《い》うのだ。

「他《ほか》に何《なに》があるってんだい？」

「まじかよ……」

「ほら、突《つ》っ立《た》ってないで位置《いち》につく！」

カガチは促《うなが》されるまま、バーの前《まえ》に立《た》った。ウソッキーや他《ほか》のポケモンたちもそれぞれバーの前《まえ》に立《た》つ。

「さぁ行《い》くよ！　息《いき》を合《あ》わせて！　せぇ――――っの‼」

全員《ぜんいん》が一斉《いっせい》に力《ちから》いっぱいバーを押《お》した。

「んぐ〰〰〰っ‼」

すると少《すこ》しずつ回転機械《かいてんきかい》が動《うご》き出《だ》し、ヒスイは操作台《そうさだい》に向《む》いてコントロールパネルを操《そう》作《さ》した。

旧発電所《きゅうはつでんしょ》のシャフト部分《ぶぶん》が動《うご》き始《はじ》める。

「ふんぎ――――!!」

カガチたちは懸命《けんめい》にバーを押《お》し続《つづ》けた。

シャフトにからまっていた蔦《つた》が引《ひ》きちぎれていき、ギギギ……と軋《きし》む音《おと》を立《た》てながら、ゆっくりと動《うご》いていく。

ついにシャフトが倒《たお》れ切《き》って横《よこ》になり、ガコンと収《おさ》まった。


「ピカチュウ!　大丈夫《だいじょうぶ》か!?」

「ピカ……」

傷《きず》だらけになったピカチュウはなんとか身構《みがま》えた。一方《いっぽう》で、立《た》ち上《あ》がったゼラオラは苦《くる》しそうに顔《かお》をゆがめ、肩《かた》を押《お》さえていた。ケガをしたところだ。

「ゼラオラ、もうやめて……!」

ラルゴが悲痛《ひつう》な声《こえ》で叫《さけ》ぶ。

サトシは一歩前《いっぽまえ》に出《で》て、ゼラオラに話《はな》しかけた。

「わかってるんだろ？　本当《ほんとう》は。人間《にんげん》は悪《わる》いヤツらばかりじゃないって！」

サトシの言葉《ことば》を聞《き》いたゼラオラは、ふとラルゴに目《め》を向《む》けた。

「オレたちを信《しん》じてくれ！」

「ピカ――！」

ゼラオラは首《くび》を振《ふ》った。サトシをキッとにらむと、両腕《りょううで》を胸《むね》の前《まえ》で合《あ》わせた。電気《でんき》を帯《お》びた青白《あおじろ》い球《たま》が発生《はっせい》させ、かざした両腕《りょううで》を大《おお》きく振《ふ》り下《お》ろそうとしたとき――腕《うで》に激痛《げきつう》が走《はし》った。

「……っ‼」

痛《いた》みに顔《かお》をゆがめたゼラオラは、《プラズマフィスト》をあらぬ方向《ほうこう》へ放《はな》った。その方《ほう》向《こう》には避難《ひなん》していたポケモンたちがいる――！

「まずい‼」

サトシはとっさにポケモンたちの前《まえ》に飛《と》び出《だ》した。

すさまじい爆発《ばくはつ》が起《お》きて、爆煙《ばくえん》がもうもうと立《た》ち込《こ》める。

「ピカピ！」

《プラズマフィスト》を受《う》けたサトシはその場《ば》に倒《たお》れていた。サトシのおかげで助《たす》かったポケモンたちが、心配《しんぱい》そうに近寄《ちかよ》っていく。

「ピカ……ピカ、ピカ……」

ピカチュウが気《き》を失《うしな》っているサトシの体《からだ》を揺《ゆ》すった。そばにいたメリープも、サトシの頰《ほお》をペロッとなめる。すると、

「……ハハッ」

サトシが目《め》を開《あ》けた。

「ピカ……！」

「ピカチュウ……」

体《からだ》を起《お》こしたサトシは、周《まわ》りに集《あつ》まっていたポケモンたちを見《み》て、ホッとしたように微笑《ほほえ》んだ。

「よかった……みんな無事《ぶじ》だったか……」

「もう、心配《しんぱい》したじゃない！」

サトシに駆《か》け寄《よ》ったラルゴは、ふと背後《はいご》に気配《けはい》を感《かん》じて、振《ふ》り返《かえ》った。

いつの間《ま》にか、ゼラオラが立《た》っていた。

「ゼラオラ……？」

驚《おどろ》いているサトシに、ゼラオラは手《て》を差《さ》し出《だ》した。

身《み》を挺《てい》してポケモンたちを守《まも》ったサトシに、心《こころ》を許《ゆる》したのだ。

サトシは笑顔《えがお》になって、ゼラオラの手《て》をつかんだ。

「よし！　これで友《とも》だちだな！」

手《て》を取《と》り合《あ》うふたりの姿《すがた》を見《み》て、ラルゴは嬉《うれ》しそうに微笑《ほほえ》んだ。


コントロールパネルを操作《そうさ》して巨大《きょだい》なプロペラを動《うご》かす準備《じゅんび》を整《ととの》えたヒスイは、フゥ……と息《いき》をついた。すると、

「お待《ま》たせしました……！」

トリトとラッキーが入《はい》ってきた。

「完成《かんせい》しました。——って、カガチさん⁉」

カプセルを掲《かか》げたトリトは、回転機械《かいてんきかい》のそばにいるカガチに気《き》づいた。

「おう先生《せんせい》！　見《み》ろ見《み》ろ！　これ、オレが動《うご》かしたんだぜ？」

「嘘《うそ》でしょ⁉」

ヒスイが「半分《はんぶん》は本当《ほんとう》だね」と笑《わら》った。

トリトは巨大《きょだい》な稼動部《かどうぶ》を見上《みあ》げた。

「……すごいな。これならいけますよ！　あとは、これをプロペラに付着《ふちゃく》させないと……」

手《て》にしたカプセルに目《め》を向《む》けると、

「分《わ》かった！　貸《か》せ！」

カガチが手《て》を差《さ》し出《だ》した。

「え？」

「オレが投《な》げてやる」

「ちょ、ちょっと待《ま》ってください」

トリトは遠《とお》くにある風力発電機《ふうりょくはつでんき》のプロペラを指差《ゆびさ》した。

「あれに投《な》げつけるって言《い》うんですか？　梯子《はしご》とかって……」

「そんなものは燃《も》えて無《な》いよ」

ヒスイがあっさり言《い》うと、トリトは「そんな……」と青《あお》ざめた。

「先生《せんせい》、時間《じかん》がねえ。それしか方法《ほうほう》はないんだ」

カガチの言葉《ことば》に、トリトは「あ〜〜なんだって……」と頭《あたま》をかきむしる。

プロペラまで登《のぼ》る梯子《はしご》が無《な》いとなると、カガチの言《い》うとおり、カプセルを直接投《ちょくせつな》げるしか方法《ほうほう》がない。

ヒスイはポケモンたちに声《こえ》をかけた。

「あんたたち、もう一回押《いっかいお》しな！　今度《こんど》は羽《はね》を回《まわ》すよ！」

ポケモンたちは再《ふたた》び回転機械《かいてんきかい》のバーの前《まえ》に立《た》った。

トリトはカガチに歩《あゆ》み寄《よ》り、カプセルを差《さ》し出《だ》した。

「カガチさん。これは仲間《なかま》と必死《ひっし》に作《つく》った、たった一《ひと》つの薬剤《やくざい》です」

「ああ、わかってる。オレもリリィのために必《かなら》ずやり遂《と》げるさ！」

カプセルを受《う》け取《と》ったカガチは、出口《でぐち》に向《む》かって走《はし》った。ウソッキーも後《あと》をついていく。

トリトとラッキーもバーの前《まえ》に立《た》った。

「よーし！　力《ちから》いっぱい押《お》しな!!」

「ふ〜ぎぎぎぎ……！」

トリトとポケモンたちはバーを押《お》し始《はじ》めた。すると、プロペラがギギギ……と音《おと》を立《た》ててゆっくりと回《まわ》り出《だ》した。

外《そと》に出《で》てきたカガチとウソッキーは、風力発電機《ふうりょくはつでんき》に向《む》かって歩《ある》きだした。

プロペラがゆっくりと回《まわ》り出《だ》すと、プロペラに絡《から》まっていた蔦《つた》や苔《こけ》がポロポロと落《お》ちてきた。

「こりゃひでぇな……」

「ウソッ」

「投《な》げるにしても、羽《はね》に着《つ》く前《まえ》にこいつらに当《あ》たっちまうぞ」

カガチが厄介《やっかい》そうに落《お》ちてくる蔦《つた》や苔《こけ》を見上《みあ》げていると、

「ウッソウッソー」

ウソッキーが自分《じぶん》の胸《むね》に手《て》を当《あ》てた。

「なんかいい方法《ほうほう》があんのか?」

ウソッキーが「ウッソー」とうなずく。

「わかった!」

カガチは肩幅《かたはば》に足《あし》を開《ひら》くと、カプセルを持《も》った手《て》を合《あ》わせて胸《むね》の前《まえ》に置《お》いた。

「信《しん》じてるぜ、相棒《あいぼう》!!」

大《おお》きく振《ふ》りかぶって、カプセルを思《おも》い切《き》り投《な》げる——!

「ウッソ―――!!」

同時《どうじ》にウソッキーも《ストーンエッジ》を発射《はっしゃ》した。尖《とが》った岩《いわ》が落《お》ちてくる蔦《つた》や苔《こけ》を打《う》ち砕《くだ》き、カプセルがプロペラに向《む》かって飛《と》んでいく。

プロペラに当《あ》たったカプセルはパリンと割《わ》れ、中《なか》に入《はい》っていた大量《たいりょう》の薬剤《やくざい》が飛《と》び出《だ》した。


ヒスイはクラッチを外《はず》し、シフトレバーを切《き》り替《か》えた。

「さあ！　ラストスパートだよ!!」

トリトとポケモンたちは力《ちから》を合《あ》わせて懸命《けんめい》にバーを押《お》した。

「回《まわ》れ―――っ!!」


「よっしゃあああ！」

カプセルがプロペラに当《あ》たって割《わ》れたのを見《み》たカガチは、足《あし》を踏《ふ》み鳴《な》らして喜《よろこ》んだ。

「回《まわ》れ回《まわ》れーっ!!」

プロペラが勢《いきお》いよく回《まわ》り出《だ》し、カプセルから飛《と》び出《だ》した薬剤《やくざい》は風《かぜ》に乗《の》って街《まち》へと拡散《かくさん》されていった。

プロペラが生み出《だ》した風《かぜ》に乗《の》って街全体《まちぜんたい》に広《ひろ》がった薬剤《やくざい》は、変電所《へんでんしょ》にいたサトシたちの元《もと》にも降《ふ》り注《そそ》いだ。

「これって……」

「うまくいったんだ！」

ラルゴとサトシはポケモンたちを見《み》た。

『ほうし』のどくに侵《おか》されていたポケモンたちは、見《み》る見《み》るうちに元気《げんき》になっていった。

街《まち》の人《ひと》たちを集《あつ》めているオリバーの元《もと》にも。

ポケモンセンターに避難《ひなん》している人々《ひとびと》やポケモンの元《もと》にも。

パビリオンに避難《ひなん》しているロケット団《だん》たちの元《もと》にも。

リリィとミアがいるゴンドラにも。

薬剤《やくざい》は街中《まちじゅう》に広《ひろ》がって、みんなは元気《げんき》になっていった。

街中《まちなか》を走《はし》っていたリサの眼前《がんぜん》に広《ひろ》がっていた煙《けむり》が、しだいに薄《うす》れてきた。視界《しかい》が開《ひら》けて、聖火台《せいかだい》が見《み》えてくる。

トリトが作《つく》った薬剤《やくざい》がプロペラで起《お》こした風《かぜ》に乗《の》って、街中《まちじゅう》に広《ひろ》がったのだ。

「おばあちゃんたち、成功《せいこう》したんだ！」

聖火台《せいかだい》まで、あと少《すこ》しだ。

息《いき》を弾《はず》ませたリサは、ラストスパートをかけた。


「おい！　見《み》たか!?　先生《せんせい》!!」

興奮気味《こうふんぎみ》でコントロールルームに入《はい》ってきたカガチは、トリトに抱《だ》きついた。

「見《み》ましたよ！　すごい！　一発《いっぱつ》で！　天才《てんさい》ですよ!!」

「ウソッキーがいてくれたから、できたんだ！」

「ウッソー！」

抱《だ》き合《あ》っているふたりにポケモンたちも抱《だ》きつき、みんなで喜《よろこ》んでいると、ヒスイが操作台《そうさだい》から下《お》りて来《き》た。

「喜《よろこ》ぶのはまだ早《はや》いよ！　事件《じけん》は終《お》わってない」

ヒスイはそう言《い》って、外《そと》を見《み》た。

山《やま》は今《いま》もなお燃《も》え続《つづ》けているのだ。

変電所《へんでんしょ》から逃《に》げ遅《おく》れたポケモンたちの手当《てあ》てを終《お》えたサトシとラルゴは、ゼラオラと共《とも》に消火《しょうか》にあたった。

ゼラオラは延焼《えんしょう》を防《ふせ》ごうと次々《つぎつぎ》と木《き》を切《き》り倒《たお》し、サトシとラルゴはバケツで水《みず》をまく。

しかし、火《ひ》の勢《いきお》いは一向《いっこう》に弱《よわ》まらない。

「全然《ぜんぜん》、弱《よわ》くならないよ」

「大丈夫《だいじょうぶ》。リサがルギアを呼《よ》ぶまでオレたちで食《く》い止《と》めるぞ！」

「ピカー！」

そのとき——上空《じょうくう》でピジョットたちが飛《と》び回《まわ》って水《みず》をまいているのが見《み》えた。

「あれは……」

「ピカ！」

ピカチュウは森《もり》の中《なか》から駆《か》けてくる大勢《おおぜい》の足音《あしおと》に気《き》づいた。

やって来《き》たのはオリバーと市民《しみん》、そしてポケモンたちだった。

「お父様《とうさま》！」

「ラルゴ⁉」

オリバーたちを見《み》たゼラオラは、ウウウ……と唸《うな》り声《ごえ》を上《あ》げた。市民《しみん》たちはゼラオラを見《み》て息《いき》をのむ。

「ゼラオラだ」「初《はじ》めて見《み》た……」

ラルゴは警戒《けいかい》しているゼラオラに歩《あゆ》み寄《よ》って声《こえ》をかけた。

「ゼラオラ、大丈夫《だいじょうぶ》。今度《こんど》はみんなで街《まち》を守《まも》ろうとしてるの」

「みんな！　消火《しょうか》を頼《たの》む！」

オリバーの掛《か》け声《ごえ》で、市民《しみん》とポケモンたちが一緒《いっしょ》になって消火《しょうか》にあたった。

みずタイプのポケモンたちは《みずでっぽう》や《ハイドロポンプ》を放《はな》ち、市民《しみん》たちはバケツリレーで水《みず》を運《はこ》ぶ。

するとそこにヒスイ、トリト、カガチがやって来《き》た。

「サトシ君《くん》！」

「みんな！」

カイリキーに抱《かか》えられていたヒスイは降《お》りて、周囲《しゅうい》を見回《みまわ》した。

「状況《じょうきょう》はよくないね。スプリンクラーを動《うご》かしな！　システムが壊《こわ》れてなきゃ動《うご》くはずだよ！」

「でんきタイプのポケモンたちに協力《きょうりょく》をお願《ねが》いしてきます！」

トリトは消火活動《しょうかかつどう》をしているポケモンたちのところへ走《はし》った。

「オレたちも行《い》くぞ、ピカチュウ！」

「ピカ！」

サトシとピカチュウもトリトの後《あと》をついていく。

「さっさと終《お》わらせるぞ！」

カガチは市民《しみん》やポケモンたちと一緒《いっしょ》に消火《しょうか》にあたった。

みずタイプのポケモンたちは引《ひ》き続《つづ》き《みずでっぽう》や《ハイドロポンプ》を放《はな》ち、他《ほか》のポケモンや市民《しみん》たちはバケツリレーで消火《しょうか》したり、経路《けいろ》を確保《かくほ》したり、それぞれがそれぞれのできる方法《ほうほう》で協力《きょうりょく》しあって消火作業《しょうかさぎょう》にあたった。

みんなが力《ちから》を合《あ》わせて火《ひ》を消《け》そうとしている姿《すがた》を、ゼラオラとラルゴはやや離《はな》れたところで見《み》ていた。

「ゼラオラ。人間《にんげん》ってさ、ハンターみたいな悪《わる》い人《ひと》がいるのも、ときどき間違《まちが》った選択《せんたく》をしちゃうのも知《し》ってるよ。でもね。悪《わる》い人《ひと》たちばかりじゃないって、わかって。――サトシが言《い》ってた。人間《にんげん》ってね、ひとりじゃ弱《よわ》いけど、ポケモンと一緒《いっしょ》だとたくさん力《ちから》がわくんだって。それってさぁ、逆《ぎゃく》もそうかな？　ポケモンもそう思《おも》ってくれてると、わたしいなって思《おも》うんだ！」

ラルゴの言葉《ことば》を聞《き》いて、ゼラオラは消火活動《しょうかかつどう》をしている人《ひと》たちを改《あらた》めて見《み》た。

五十年前《ごじゅうねんまえ》の山火事《やまかじ》のときは、人間《にんげん》が起《お》こしたにもかかわらず、誰《だれ》も鎮火《ちんか》しようとしなかった。取《と》り残《のこ》されたポケモンを救《すく》おうとしなかった。ポケモンたちの穏《おだ》やかな暮《く》らしを脅《おびや》かした人間《にんげん》たちを、ゼラオラはずっと憎《にく》み続《つづ》けていた。

けれど——今《いま》、目《め》の前《まえ》にいる人間《にんげん》たちは、ポケモンと力《ちから》を合《あ》わせて、必死《ひっし》に火《ひ》を消《け》そうとしている。

五十年前《ごじゅうねんまえ》とは違《ちが》う。ラルゴやサトシは、取《と》り残《のこ》されたポケモンたちを助《たす》けに来《き》てくれた。そして大勢《おおぜい》の人間《にんげん》が、ポケモンたちが暮《く》らす山《やま》を炎《ほのお》から守《まも》ろうと駆《か》けつけたのだ。

ラルゴは、人間《にんげん》はポケモンと一緒《いっしょ》だとたくさん力《ちから》がわく、と言《い》った。

ポケモンと協力《きょうりょく》して火《ひ》を消《け》す人間《にんげん》たちの姿《すがた》を見《み》ていたら、それは本当《ほんとう》のように思《おも》えてくる——。

ゼラオラは、消火活動《しょうかかつどう》をしている人《ひと》たちのところへ走《はし》り出《だ》した。

ラルゴも後《あと》を追《お》う。

すると——燃《も》えた木《き》が、消火《しょうか》している市民《しみん》たちに向《む》かって倒《たお》れてきた。

大《おお》きくジャンプしたゼラオラが、空中《くうちゅう》で木《き》を切《き》り砕《くだ》く。

「ゼラオラ……」

「助《たす》けてくれた……？」

地面《じめん》に着地《ちゃくち》したゼラオラは、市民《しみん》たちを一瞥《いちべつ》すると、ジャンプして去《さ》っていった。

配電盤《はいでんばん》のレバーを下《お》ろしたトリトは、後《うし》ろを振《ふ》り返《かえ》った。

「お願《ねが》いします！」

「頼《たの》むぜ、みんな！」

サトシのそばにはピカチュウをはじめとする、でんきタイプのポケモンたちが体《からだ》にコードを付《つ》けてスタンバイしていた。

みんなが一斉《いっせい》に電気《でんき》を発生《はっせい》させて、体《からだ》に繋《つな》がったコードからスプリンクラーシステムに電気《でんき》を送《おく》り込《こ》む。

メーターの針《はり》が赤《あか》いところに到達《とうたつ》すると、

「よし、頼《たの》むぞ！」

トリトは勢《いきお》いよくレバーを下《お》ろした。

すると、変電所《へんでんしょ》の各所《かくしょ》に設置《せっち》されたスプリンクラーから一斉《いっせい》に水《みず》が噴《ふ》き出《だ》した。燃《も》え盛《さか》る炎《ほのお》に、大量《たいりょう》の水《みず》が降《ふ》り注《そそ》いでいく。

市民《しみん》たちは歓喜《かんき》の声《こえ》を上《あ》げた。

「やった!!」

「ピカピカー！」

サトシとピカチュウも抱《だ》き合《あ》って喜《よろこ》ぶ。

「わぁー！　サトシー!!」

その声《こえ》にサトシが振《ふ》り返《かえ》ると、ラルゴが駆《か》けてくるのが見《み》えた。

そのとき——ドオォン！　変電所《へんでんしょ》の上方《じょうほう》で爆発《ばくはつ》が起《お》こった。

「!!」

見上《みあ》げると、鉄塔《てっとう》が燃《も》えていた。さらにドンッ！　ドォン！　と爆発《ばくはつ》が続《つづ》けて起《お》こり、鉄塔《てっとう》の上部《じょうぶ》が崩《くず》れ落《お》ちる。

鉄塔《てっとう》のそばを走《はし》っていたラルゴに向《む》かって、鉄骨《てっこつ》が落《お》ちてきた。避《よ》けられない――！

すると、ラルゴの頭上《ずじょう》を一閃《いっせん》の光《ひかり》が走《はし》った。

それは電撃《でんげき》をまとったゼラオラだった。磁場《じば》の力《ちから》で浮《う》いたゼラオラが、落《お》ちてきた鉄骨《てっこつ》を空中《くうちゅう》で持《も》ち上《あ》げている。

「ゼラオラ!!」

鉄骨《てっこつ》を持《も》ち上《あ》げたゼラオラは、少《すこ》しずつ上昇《じょうしょう》していった。

すると、さらに爆発《ばくはつ》が起《お》きた。勢《いきお》いを増《ま》した炎《ほのお》が、たちまち鉄骨《てっこつ》を持《も》ち上《あ》げるゼラオラに襲《おそ》いかかった。

10

リクの誘導《ゆうどう》のおかげで、リサはようやく聖火台《せいかだい》に辿《たど》り着《つ》いた。

夜明《よあ》け前《まえ》の暗闇《くらやみ》に包《つつ》まれた聖火台《せいかだい》の階段《かいだん》を、リサは慎重《しんちょう》に上《のぼ》っていった。

頂上《ちょうじょう》に上《あ》がり、息《いき》を切《き》らしながら台座《だいざ》を見据《みす》える。

ここに聖火《せいか》を置《お》けばいいんだ――リサは台座《だいざ》に近《ちか》づき、聖火《せいか》を掲《かか》げた。

しかし、台座《だいざ》は思《おも》いのほか高《たか》く、届《とど》かない。

「もう少《すこ》し……」

リサは思《おも》い切《き》り背伸《せの》びをして、聖火《せいか》を高《たか》く掲《かか》げた。


炎《ほのお》に包《つつ》まれたゼラオラは、それでも懸命《けんめい》に鉄骨《てっこつ》を持《も》ち上《あ》げていた。しかし、その両腕《りょううで》はブルブルと震《ふる》え、苦痛《くつう》に顔《かお》を歪《ゆが》ませている。

「頑張《がんば》るんだ……」

ヒスイはゼラオラを見上《みあ》げながら、つぶやいた。

「できる！」

「できるさ！」

トリトとカガチも見守《みまも》りながら、声《こえ》をかける。

「ゼラオラ！」

「ピカ！」

「ゼラオラ……」

サトシ、ピカチュウ、ラルゴに続《つづ》き、

「頑張《がんば》れ！」

「ゼラオラ〜！」

市民《しみん》たちも声援《せいえん》を送《おく》った。

みんなの声《こえ》が、必死《ひっし》にこらえているゼラオラに伝《つた》わった。その瞬間《しゅんかん》、ゼラオラは限界《げんかい》だった己《おのれ》の体《からだ》に力《ちから》がわいてくるのを感《かん》じた。

ポケモンがいれば人間《にんげん》に力《ちから》がわいてくるように、ポケモンも人間《にんげん》と一緒《いっしょ》にいるとパワーがみなぎるのかもしれない——。

ゼラオラは両足《りょうあし》の肉球《にくきゅう》から大電流《だいでんりゅう》を発《はっ》して、高《たか》く上《あ》がった。

「もう少《すこ》し！」

「頑張《がんば》れー！」

「いける！」

「あなたなら！　ゼラオラ——!!」

ラルゴのひときわ大《おお》きな声《こえ》が、ゼラオラの耳《みみ》に届《とど》いた。ゼラオラは力《ちから》を振《ふ》り絞《しぼ》り、鉄骨《てっこつ》を元《もと》のところへ収《おさ》めた。

「やった〜!!」

市民《しみん》たちが歓声《かんせい》を上《あ》げた瞬間《しゅんかん》――ゼラオラがまとっていた電気《でんき》が消《き》えた。磁力《じりょく》を失《うしな》ったゼラオラが落《お》ちていく。

「ゼラオラ――!!」

するとそのとき、メリープやポポッコたちが《わたほうし》を放出《ほうしゅつ》した。綿《わた》のようにフワフワな胞子《ほうし》が集《あつ》まって、落下《らっか》したゼラオラを受《う》け止《と》める。

ラルゴが駆《か》けつけると、胞子《ほうし》が消《き》えて、ゼラオラは地面《じめん》に横《よこ》たわっていた。

「ゼラオラ、しっかり……!」

「グァウ……」

集《あつ》まった胞子《ほうし》がクッションになったおかげで、ゼラオラは無事《ぶじ》だった。

「よかった……!」

ホッとしたラルゴは、ゼラオラに抱《だ》きついた。

いきなり抱《だ》きつかれたゼラオラは一瞬《いっしゅん》ビクリと身《み》を固《かた》くした。が、心地《ここち》よい温《ぬく》もりがラルゴの腕《うで》から伝《つた》わってきて、ゼラオラは静《しず》かに目《め》を閉《と》じた。

リサは、聖火《せいか》を持《も》った手《て》を懸命《けんめい》に台座《だいざ》へと伸《の》ばした。しかし、くたくたで力《ちから》がなく押《お》し込《こ》めない。

「ぐぅ〜〜〜……」

リサは歯《は》を食《く》いしばり、あらん限《かぎ》りの力《ちから》を込《こ》めた。すると、イーブイがリサの頭《あたま》に登《のぼ》った。

「イーブイブイ！」

イーブイはリサの頭《あたま》の上《うえ》から、前足《まえあし》を使《つか》って聖火《せいか》を押《お》した。押《お》された聖火《せいか》が台座《だいざ》の上《うえ》に見事《みごと》に載《の》る。

その瞬間《しゅんかん》——台座《だいざ》から一筋《ひとすじ》の光《ひかり》が天高《てんたか》く延《の》びた。

「きゃっ」

「ブイッ」

リサとイーブイは光《ひかり》に弾《はじ》き飛《と》ばされて、床《ゆか》の上《うえ》に倒《たお》れた。

やがて、朝日《あさひ》が波《なみ》の彼方《かなた》に昇《のぼ》った。穏《おだ》やかな海面《かいめん》を、そしてフウラシティの街並《まちな》みを徐々《じょじょ》に照《て》らしていく。

すると、澄《す》み切《き》った空《そら》に雲《くも》が漂《ただよ》い出《だ》し、見《み》る見《み》るうちに灰色《はいいろ》の雲《くも》が立《た》ち込《こ》めた。

そこに、甲高《かんだか》い咆哮《ほうこう》が轟《とどろ》いた。それはルギアの声《こえ》だった。

大《おお》きな銀光《ぎんこう》の翼《つばさ》を広《ひろ》げ、聖火台《せいかだい》に向《む》かってまっすぐ飛《と》んでいく——。


あれが、ルギア——。

体《からだ》を起《お》こしたリサは、上空《じょうくう》を飛《と》ぶ巨大《きょだい》なポケモンを見上《みあ》げた。

今《いま》まで見《み》たポケモンとは、大《おお》きさも迫力《はくりょく》もまるで違《ちが》う。圧倒的《あっとうてき》な存在感《そんざいかん》を放《はな》つルギアは、神々《こうごう》しくも恐《おそ》ろしくも見《み》えて、リサは一瞬《いっしゅん》怯《ひる》みそうになった。

けれど、すぐに気持《きも》ちを奮《ふる》い起《お》こして、立《た》ち上《あ》がる。

「ルギア、雨《あめ》を降《ふ》らして、火事《かじ》を消《け》してほしいの！　お願《ねが》い!!」

ルギアはうなずくと、大《おお》きな翼《つばさ》を羽《は》ばたかせて天高《てんたか》く飛《と》び上《あ》がっていった。

リサはイーブイを抱《だ》いて、ルギアが小《ちい》さくなっていく空《そら》を仰《あお》ぎ見《み》た。すると、ぽつりと頬《ほお》に何《なに》か落《お》ちた。

雨《あめ》だ——。

空《そら》を見上《みあ》げている間《あいだ》に、雨《あめ》はどんどん強《つよ》くなっていった。

サトシたちがいる変電所《へんでんしょ》にも、雨《あめ》が降《ふ》り出《だ》した。

雲《くも》が薄《うす》れて太陽《たいよう》が出《で》てきたというのに、雨《あめ》は降《ふ》り続《つづ》け、見《み》る見《み》るうちに鎮火《ちんか》していく。

一同《いちどう》は、天高《てんたか》く飛《と》び上《あ》がっていくルギアを仰《あお》ぎ見《み》て、歓声《かんせい》を上《あ》げた。

五十年前《ごじゅうねんまえ》と同《おな》じように、ルギアが雨《あめ》を降《ふ》らせて助《たす》けてくれたのだ——。

「やべえ……本物《ほんもの》見《み》ちまったよ……」

カガチは初《はじ》めて見《み》るルギアに、体《からだ》を震《ふる》わせた。

「リサ、聖火間《せいかま》に合《あ》ったんだ！」

「ピカピカ～!!」

喜《よろこ》ぶサトシたちに、ヒスイとオリバーはきょとんと目《め》を瞬《またた》いた。

「聖火《せいか》って……」

「あそこから、聖火台《せいかだい》まで……？」

「はい！　ルギアが必《かなら》ず来《く》るって言《い》ってたから」

ヒスイたちは驚《おどろ》いた。『ほうし』の煙《けむり》が蔓延《まんえん》する中《なか》、山《やま》から聖火台《せいかだい》まで走《はし》っていったというのか——。

「見上《みあ》げた根性《こんじょう》だね、あの娘《むすめ》は」

「また この街《まち》は、ゼラオラとルギアに助《たす》けられてしまいましたね……」

オリバーが感慨《かんがい》深《ぶか》げに言《い》うと、ヒスイは首《くび》を横《よこ》に振《ふ》った。

「いいや、今回《こんかい》はみんなさ」

確《たし》かに結果的《けっかてき》には、五十年前《ごじゅうねんまえ》の山火事《やまかじ》のときと同《おな》じく、ゼラオラとルギアに助《たす》けてもらったのかもしれない。でも今回《こんかい》は、人間《にんげん》もポケモンと団結《だんけつ》して、山火事《やまかじ》を消《け》そうとした。

その人間《にんげん》たちの行動《こうどう》を見《み》て、ゼラオラとルギアは助《たす》けてくれたのだ――。


強《つよ》く降《ふ》り続《つづ》いた雨《あめ》のおかげで、山火事《やまかじ》は完全《かんぜん》に収《おさ》まった。

ルギアの甲高《かんだか》い咆哮《ほうこう》が再《ふたた》び轟《とどろ》き、雨《あめ》がピタリと止《や》んだ。

灰色《はいいろ》の雲《くも》が流《なが》れる青空《あおぞら》に、大《おお》きな虹《にじ》が架《か》かる。

やがて、穏《おだ》やかな風《かぜ》が吹《ふ》き始《はじ》めて、フウラシティの至《いた》るところにある風車《ふうしゃ》が回《まわ》り出《だ》した。

避難所《ひなんじょ》から出《で》てきた街《まち》の人々《ひとびと》は、回《まわ》り出《だ》した風車《ふうしゃ》を見《み》て、歓声《かんせい》を上《あ》げた。抱《だ》き合《あ》って喜《よろこ》んでいる人《ひと》もいる。

宙吊《ちゅうづ》りになっていたロープウェイも動《うご》き出《だ》した。

虹《にじ》が架《か》かった上空《じょうくう》から、ルギアはフウラシティを見下《みお》ろしていた。

再《ふたた》び風《かぜ》が吹《ふ》き始《はじ》めて風車《ふうしゃ》が回《まわ》り、街《まち》の人々《ひとびと》に笑顔《えがお》が戻《もど》っていく。

その様子《ようす》に満足《まんぞく》げに目《め》を細《ほそ》めると、ひと鳴《な》きして、遥《はる》か彼方《かなた》へと飛《と》んでいった。

11

中止《ちゅうし》になった風祭《かざまつ》りは、街《まち》の復興後《ふっこうご》、改《あらた》めて開催《かいさい》された。

風祭《かざまつ》り最終日《さいしゅうび》の夜《よる》。

風祭《かざまつ》り会場《かいじょう》のメイン広場《ひろば》には、市民《しみん》や大勢《おおぜい》の観光客《かんこうきゃく》が集《あつ》まっていた。その中《なか》にはサトシやピカチュウ、リサ、ラルゴ、トリト、カガチ、ヒスイ、リリィ、ミアの姿《すがた》もあり、ステージにマイクを持《も》ったオリバーが立《た》った。

「お集《あつ》まりの皆《みな》さん。こうして、風祭《かざまつ》りの最終日《さいしゅうび》を改《あらた》めて開催《かいさい》することができたのは、ここにいる皆《みな》さん、ポケモンたちの協力《きょうりょく》があってこそです」

オリバーは壇上《だんじょう》から広場《ひろば》に集《あつ》まった人々《ひとびと》を見回《みまわ》した。

広場《ひろば》に集《あつ》まった人々《ひとびと》はみんな、スカイランタンを手《て》にしていた。

「今回《こんかい》の事件《じけん》で、ある少年《しょうねん》がこう言《い》いました。〝ひとりでできないことも、ポケモンと一緒《いっしょ》ならできる！〟と。共《とも》に消火《しょうか》にあたってくれた市民《しみん》やポケモンたち、そして多《おお》くの人《ひと》たちがそれを証明《しょうめい》してくれました」

オリバーはステージの下《した》にいるラルゴを見《み》た。

「私《わたし》はこの街《まち》を、ポケモンたちと共《とも》に、ともに助《たす》け合《あ》う素晴《すば》らしい街《まち》にしていきたい。そして、それを実現《じつげん》するため、ゼラオラの存在《そんざい》を隠《かく》す掟《おきて》は撤廃《てっぱい》とします。ゼラオラと共《とも》に生《い》きていくことを、ここに宣言《せんげん》します」

オリバーの宣言《せんげん》に、観衆《かんしゅう》から歓声《かんせい》がわき上《あ》がった。そして、持《も》っていたスカイランタンを次々《つぎつぎ》と上《あ》げた。サトシたちも、持《も》っていたスカイランタンを空《そら》へ飛《と》ばす。

明《あ》かりの灯《とも》った無数《むすう》のランタンが夜空《よぞら》に高《たか》く舞《ま》い上《あ》がった。

夜空《よぞら》に浮《う》かんだランタンは、高《たか》く高《たか》く舞《ま》い上《あ》がり、フウラシティの山々《やまやま》を越《こ》えていった。

草原《そうげん》に、ゼラオラが立《た》っていた。

その後《うし》ろには森《もり》のポケモンたちがたくさん集《あつ》まっていて、ランタンが舞《ま》う夜空《よぞら》をいつまでも見上《みあ》げていた。


風祭《かざまつ》りが終《お》わり、リサは自分《じぶん》の街《まち》に戻《もど》ってきた。

そのままリクの病院《びょういん》へ向《む》かう。

ノックもせずにいきなり病室《びょうしつ》に入《はい》ると、リクは派手《はで》な服《ふく》に帽子《ぼうし》とサングラスをかけ、ビデオカメラで自撮《じど》りをしていた。

「姉《ねえ》ちゃん!?」

リサに気《き》づいたリクは、慌《あわ》てて帽子《ぼうし》とサングラスを取《と》った。

「リクくん……」

リサは険《けわ》しい目《め》つきで詰《つ》め寄《よ》った。

「なんで居場所《いばしょ》とかがわかったのか、正直《しょうじき》に言《い》いなさい」

リクはリサの頭《あたま》にかかったサングラスを見《み》ると、

「あ……それハイテクでさぁ、風祭《かざまつ》りの映像《えいぞう》とか欲《ほ》しいな〜なんて」

ハハハ……と笑《わら》ってごまかした。

フウラシティを後《あと》にしたサトシとピカチュウは、草原《そうげん》を歩《ある》いていた。

ふいに強《つよ》い風《かぜ》が吹《ふ》いて、サトシの帽子《ぼうし》が飛《と》ばされそうになる。

「おっと」

帽子《ぼうし》を押《お》さえたサトシは、後《うし》ろを振《ふ》り返《かえ》った。

フウラシティにそびえ立《た》つ幾《いく》つもの大《おお》きな風車《ふうしゃ》が、ゆったりと回《まわ》っているのが見《み》える。

来年《らいねん》の風祭《かぜまつ》りにも、ルギアは姿《すがた》を現《あらわ》して、恵《めぐ》みの風《かぜ》を起《お》こしてくれる。

昔《むかし》から交《か》わしているその約束《やくそく》は、これからもずっと変《か》わらず果《は》たされていくだろう。

人《ひと》とポケモンが深《ふか》い絆《きずな》を結《むす》び、共《とも》に歩《あゆ》み続《つづ》ける限《かぎ》り――。

「ピカチュウ！　次《つぎ》はどんなポケモンに会《あ》えるかなぁ」

「ピカ！」

楽《たの》しみだね！　とピカチュウが笑顔《えがお》を向《む》ける。

これからどんなポケモンとの出会《であ》いが待《ま》っているのだろう。

考《かんが》えるだけで、サトシは胸《むね》がワクワクした。

顔《かお》を見合《みあ》わせて大《おお》きく微笑《ほほえ》んだサトシとピカチュウは、どちらからともなく自然《しぜん》と走《はし》り出《だ》していた――。

Shogakukan Junior Bunko

★小学館ジュニア文庫★

劇場版ポケットモンスター

みんなの物語

2018年 7月18日　初版第1刷発行
2018年 9月 9日　　第3刷発行

著者／水稀しま
脚本／梅原英司　高羽 彩
監修／石原恒和
原案／田尻 智

発行人／細川祐司
編集人／筒井清一
編集／畑 香織

発行所／株式会社　小学館
〒101-8001　東京都千代田区一ツ橋2－3－1
電話　編集　03-3230-5613
販売　03-5281-3555

印刷・製本／加藤製版印刷株式会社
デザイン／黒川チエコ

Printed in Japan　　ISBN 978-4-09-231249-4